VENUS
Dans le Clôitre
ou
LA RELIGIEUSE
EN CHEMISE
VENUS

VENUS

DANS LE CLOITRE

OU LA

RELIGIEUSE

EN CHEMISE,

ENTRETIENS CURIEUX.

Adreſſez à Madame l'Abbeſſe de
Beau-lieu, par l'Abbé du Prat.

A LONDRE,
Chez VAN DER HOEK,
Marchand Libraire Tres Renomée
M.D. CCXXXVII.

A MADAME

D. L. R.

TRES-DIGNE ABBESSE

DE BEAU-LIEU.

Madame,

Comme il me seroit difficile de ne pas executer ce que vous me témoignez desirer, je n'ay aucunement deliberé sur la prie-re que vous m'avez faite, de

A 3   reduire

reduire au plûtôt par écrit, les doux entretiens où vôtre Communauté a eu ſi bonne part. Ie m'engageay trop ſolemnellement à cette galante entrepriſe, pour vouloir m'en défendre à preſent, & pour m'excuſer de ce travail, ſur la difficulté qu'il y a, de rendre a la voix & aux aſtions, le beau feu dont elles ont été animées. Ie ne ſçay ſi j'auray bien rempli mes devoirs & vos eſperances ; l'exercice de deux ou trois matinées vous en découvrira la verité ; & vous fera connoitre que ſi je n'ay pas beaucoup

coup d'éloquence, j'ay pour le moins assez de memoire, pour rapporter avec fidelité la plus grande partie des choses passées. Ie me suis tellement proposé vôtre satisfaction dans cet Ouvrage, qne j'ay passé indifferemment sur toutes les raisons qui sembloient de voir m'en éloigner ; la crainte seule qu'il ne tombât en d'autres mains que les vôtres, m'a fait un peu differer à vous l'envoyer, & j'en seroit moy-même le porteur, si mes affaires presentes me le permettoient, plûtôt que de

A 4

con-

confier au hazard de la Poſte, ou d'un Meſſager un paquet de cette conſequence. Car de bonne foy, quelle confuſion pour vous & pour moy, ſi des conferences ſi ſecrettes alloient devenir publiques ? & ſi des actions qui ne ſont point blâmées, que parce qu'elles ne ſont pas connuës, alloient faire un nouveau ſujet de Critique, & fournir des armes à tous ceux qui voudroient nous attaquer ? Quelle poſture & quelle contenance pourroit tenir nôtre belle Religieuſe, ſi le malheur l'ex-

po-

posoit en chemise à la veuë de
tous les curieux ? que d'oppro-
bre, que de honte, que d'embarras ! Toutes ces considera-
tions sont fortes, mais vous
avez voulu être obeïe, & vous
avez traité de reflexions legeres & timides, des raisons soli-
des & assurées.

Quoy qu'il arrive, je m'en
lave les mains, & pour quitter
un peu le serieux, je vous diray qu'il n'y a rien à apprehender pour Sœur Agnés, quand
même le mauvais destin se mê-
leroit de la conduite de tout ce-

cy, puis que la peinture que j'en fais dans mes Ecrits, ne l'a represente que dans une tres-exacte observance de tous ces vœux. Car en effet pour comencer la Pauvreté ; peut-on être dans un plus grand détachement des biens de ce monde, que de s'en dépoüiller volontairement jusques à la Chemise ? peut-on dans ses paroles & dans ses actions faire paroitre la beauté de la Chasteté avec plus d'éclat, qu'en se proposant pour regle la Nature toute pure ? Enfin si l'on

veut

veut faire preuve de son obeïs-
sance sans exception, l'on con-
noîtra qu'elle aura autant de
docilité, que pas une de vos
Novices.

Voilà, MADAME, une
longue lettre pour un petit Ouvrage, & une grande Porte
pour une pauvre Maison, il
n'importe, j'ay mieux aimé
pecher contre quelques regles,
que de me gesner en vous écri-
vant. Faites part à vos plus
intimes & aux miennes, de ce
ce que vous jugerez à propos
qu'el-

qu'elles *sçachent*, *&* croyez
que je suis sans reserve,

MADAME,

Vôtre tres-obeïssant & tres-
affectionné serviteut,
l'Abbé DU PRAT.

VENUS

DANS LE CLOITER,

OU LA

RELIGIEUSE

EN CHEMISE.

PRÉMIER ENTRETIEN.

Sœur *Agnés*. Sœur *Angelique*.

Agnés. AH Dieu! Sœur Angelique n'entrez pas dans ma Chambre, je ne suis pas visible à présent; faut-il ainsi surprendre les personnes dans l'état où je suis? Je croyois avoir bien fermé la porte.

Angelique. Eh bien, tout doucement, qu'as-tu à t'allarmer? le grand mal de t'avoir trouvée en changeant de chemise, ou faisant autre chose de

                    mieux;

mieux ; les bonnes amies ne se doivent aucunement cacher les unes aux autres. Assis-toy sur ta couche comme tu étois, je vais fermer la porte sur nous.

Agnés. Je vous assure, ma Sœur, que je mourois de confusion si une autre que vous m'avoit ainsi surprise ; mais je suis certaine que vous avez beaucoup d'affection pour moy, c'est pourquoy je n'ay pas sujet de rien craindre de vous, quelque chose que vous eussiez pû voir.

Angelique. Tu as raison mon enfant de parler de la sorte, & quand je n'aurois pâs pour toy, toute la tendresse qu'un cœur peut ressentir, tu devrois toûjours avoir l'esprit en repos de ce côté-là. Il y a sept ans que je suis Religieuse, & je suis entrée dans le Cloitre à treize, & je puis dire, que je ne me suis point encore faite d'ennemis par ma mauvaise conduite ; ayant toûjours eu la médisance en horreur, & ne faisant rien plus au gré de mon cœur, que lorsque
je

je rens service à quelques-unes de la Communauté. C'eſt cette maniere d'agir qui m'a procuré l'affection de la plûpart, & qui m'a ſut tout aſſuré celle de nôtre Superieure, qui ne m'eſt pas d'un petit uſage dans l'occaſion.

Agnés. Je le ſçay, & je me ſuis ſouvent étonnée comment vous aviez pû faire pour vous ménager celles-mêmes qui ſont d'un parti different : il faut ſans doute avoir autant d'adreſſe & d'eſprit que vous, pour engager de telles perſonnes. Pour moy je n'ay jamais pû me geſner dans mes affections, ni travailler à avoir pour amies celles qui naturellement m'é-toient differentes ; c'eſt-là le foible de mon genie, qui eſt ennemi de la contrainte, & qui veut en tout agir li-brement.

Angelique. Il eſt vray qu'il eſt bien doux de ſe laiſſer conduire à cette na-ture pure & innocente, en ſuivant uniquement les inclinations qu'elle nous donne; mais l'honneur, & l'am-bition qui ſont venus troubler le re-

pos

pos des Cloitres, obligent celles qui y font entrées à se partager, & à faire souvent par prudence ce qu'elles ne peuvent faire par inclination.

Agnés. C'est â dire qu'une infinité qui croyent être Maîtresses de vôtre cœur, n'en possedent seulement que la peinture, & que toutes vos protestations les asseurent souvent d'un bien dont elles ne jouïssent pas en effet. Je craindrois fort, je vous l'avouë, d'être de ce nombre, & d'être une victime de vôtre politique.

Angelique. Ah, ma chere, tu me fais une injure, la dissimulation n'a point de part à des amitiez aussi fortes que la nôtre; Je suis toute à toy, & quand la nature m'auroit fait naître d'un même sang, elle ne m'auroit pû donner des sentimens plus tendres que ceux que je ressens. Permets que je t'embrasse afin que nos cœurs se parlent l'un à l'autre, au milieu de nos baisers.

Agnés. Ah Dieu, comme tu me feres entre tes bras! Songez-tu que
je

Je suis nuë en chemise? Ah tu me mets toute en feu.

Angelique. Ah que ce vermeil dont tu és à present animée, augmente l'éclat de ta beauté! Ah que ce feu qui brille maintenant dans tes yeux te rend aimable! faut-il qu'une fille aussi accomplie que toy soit si retirée comme tu es! Non, non, mon enfant, je te veux faire part de mes plus secrettes habitudes, & te donner une idée parfaite de la conduite d'une sage Religieuse. Je ne parle pas de cette sagesse austere & scrupuleuse, qui ne se nourit que de jeûnes, & ne se couvre que de haires & de cilices; il en est une autre moins farouche, que toutes les personnes éclairées font profession de suivre, & qui n'a pas peu de rapport avec ton naturel amoureux.

Agnés. Moy d'un naturel amoureux! il faut certes que ma phisionomie soit bien trompeuse, ou que vous n'en sçachiez pas parfaitement les regles. Il n'y a rien qui me touche moins que cette passion, & depuis

trois

trois ans que je suis en Religion, elle ne m'a pas donné la moindre inquietude.

Angelique. J'en doute fort, & je croy que si tu voulois en parler avec plus de sincerité, tu m'avoüerois que je n'ay rien dit que de veritable. Quoy une fille de seize ans d'un esprit aussi vif & d'eu corps aussi bien formé que le tien, seroit froide & insensible? Non je ne puis me le persuader, toutes tes démarches les plus negligées m'ont assuré du contraire, & ce *je ne sçay quoy* que j'ay apperçû au travers de la serrure de ta porte, avant que d'entrer, me fait connoître que tu es une dissimulée.

Agnés. Ah Dieu je suis perduë!

Angelique. Certes tu n'es pas raisonnable, dis-moy un peu ce que tu peux apprehender de moy, & si tu as sujet de craindre d'une amie. Je ne t'ay dit cela que dans le dessein de te faire bien d'autres confidences de mon côté: vrayment ce sont-là de belles bagatelles, les plus scrupuleu-

ses

ſes les mettent en uſage, & cela s'appelle en termes Clauſtraux *l'Amuſe-*
ment des jeunes, & le paſſe-temps des
vieilles.

Agnés. Mais encore qu'avez-vous
donc apperçû ?

Angelique. Tu me fatigues par tes
manieres, ſçais-tu bien que l'amour
bannit toute crainte, & que ſi nous
voulons vivre toutes deux, dans une
intelligence auſſi parfaite que je le de-
ſir, tu ne me dois rien celer, & je ne
dois rien avoir de caché pour toy, bai-
ſe moy mon cœur ? dans l'état ou tu
és une diſcipline ſeroit de bon uſage
pour te châtier du peu de retour que
tu as pour l'amitié qu'on te marque.
Ah Dieu que tu as d'enbonpoint !
& que tu es d'une taille bien propor-
tionnée ! Souffre que....

Agnés. Ah de grace laiſſez-moy
en repos, je ne puis revenir de ma
ſurpriſe, car de bonne foy qu'avez-
vous vû ?

Angelique. Ne le ſçais-tu pa bien
ſotte, ce que je puis avoir vû ? Je t'ay
vûë

vûë dans une action où je te ferviray moy-même fi tu veux, ou ma main te fera a prefent l'office que la tienne rendoit tantôt charitablement à une autre partie de ton corps? Voilà le grand crime que j'ay découvert, que Madame l'Abbeffe D. L. R pratique comme elle dit, dans ces divertiffemens les plus innocens, que la Prieure ne rejette point, & que la Maîtresse des Novices appelle *l'Intromiffion extatique*? Tu n'aurois pas crû que de fi faintes Ames euffent été capables de s'occuper à des exercices fi profanes? Leur mine & leurs dehors t'ont deçûë, & cet exterieur de fainteté dont elles fçavent fi bien fe parer dans l'occafion, t'a fait penfer qu'elles vivoient dans leur corps comme fi elles n'étoient compofées que du feul efprit. Ah, mon enfant, que je t'inftruiray de quantité de chofes que tu ignore, fi tu veux avoir un peu de confiance en moy, & fi tu me fais connoître la difpofition d'efprit & de confcience où tu és à prefent: aprés quoy je veux

que

que tu fois mon Confeffeur, je feray ta penitente, & je te protefte que tu verras mon cœur auffi à découvert, que fi tu en reffentois toy-même les plus purs mouvemens.

Agnés. Aprés tant de paroles je ne croy pas devoir douter de vôtie fincerité, c'eft pourquoy non feulement je vous apprendray ce que vous fouhaitez fçavoir de moy, mais même je veux me faire un fenfible plaifir de vous communiquer jufques à mes plus fecrettes penfées & actions. Ce fera une confeffion generale dont je fçay que vous n'avez pas deffein de vous prévaloir, mais dont la confidence que je vous en feray ne fervira qu'à nous nuir l'une & l'autre d'un lien plus étroit & indiffoluble.

Angelique. C'eft fans doute ma plus chere, & tu remarqueras dans la fuite qu'il n'y a rien de plus doux dans ce monde que d'avoir une veritable amie, qui puiffe être la dépofitaire de nos fecrers, de nos penfées, & de nos afflictions mêmes. Ah que des ouver-

tures

tures de cœur font foulageantes dans de femblables occafions! parle donc, ma mignonne, je vais m'affoir fur ta couche prés de toy, il n'eft pas neceffaire que tu t'habille, la faifon te permet de refter comme tu és, il me femble que tu en és plus aimable, & que plus tu approche de l'état où la nature t'a fait naître, tu en as plus de charmes & de beauté. Embraffe-moy, ma chere Agnés, devant que de commencer, & confirme par tes baifers les proteftations mutuelles que nous nous fommes données de nous aimer éternellement. Ah que ces baifers font purs & innocens! Ah qu'ils font remplis de tendreffe & de douceur! Ah qu'ils me comblent de plaifirs! un peu de tréve mon petit cœur, je fuis toute en feu, tu me mets aux abois par tes careffes; ah Dieu que l'amour eft puiffant! & que deviendray je, fi de fimples baifers me tranfportent & m'animent fi vivement?

Agnés. Ah qu'il eft difficile de fe contenir dans les bornes de fon devoir

voir, lors que nous lâchons tant soit
peu la bride à cette paſſion ! le croiriez-vous Angeliques, ces badineries
qui dans le fonds ne ſont rien, ont agi
merveilleuſement ſur moy ? Ah, ah,
ah, laiſſez moy un peu reſpirer, il
ſemble que mon cœur eſt trop reſſer-
ré à preſent ! Ah que ces ſoûpirs me
ſoulagent ! Je commence à reſſentir
pour vous une affection nouvelle, &
plus tendre & plus forte qu'auparavant ! je ne ſçay d'où cela provient,
car de ſimples baiſers peuvent ils cau-
ſer tant de deſordre dans une ame ? il
eſt vray que vous étes bien artificieuſe
dans vos careſſes, & que toutes vos
manieres ſont extraordinairement engageantes ; car vous m'avez tellement
gagnée, que je ſuis maintenant plus à
voue qu'à moy-même ; Je crains même que dans l'excés de la ſatisfaction
que j'ay goûtée, il ne ſe ſoit mêlé
quelque choſe, qui me donnât ſujet de
refléchir ſur ma conſcience, cel me
fâcheroit bien, car quand il faut que je
parle à mon Confeſſeur de ces ſortes

de

matieres je meurs de honte, & je ne
fçay par où m'y prendre. Ah Dieu,
que nous fommes foibles, & que nos
efforts font vains pour furmonter les
moindres faillies & les plus legeres attaques d'une nature corrompuë.

Angelique. Voicy l'endroit où je
t'attendois, je fçay que tu as toûjours
été un peu fcrupuleufe fur beaucoup
de fujets, & qu'une certaine tendreffe
de tonfcience, ne t'a pas donné peu de
peine. Voilà ce que c'eft que de tomber entre les mains, d'un Directeur
mal appris & ignorant: pour moy, je
te diray que j'ay été inftruite d'un fçavant homme, de quel air je devois me
comporter pour vivre heureufe toute
ma vie, fans rien faire neanmoins qui
pût choquer la veuë d'une Communauté Reguliere, ou qui fut directement oppofé aux Commandemens
de Dieu.

Agnés. Obligez-moy, Sœur Angelique, de me donner une idée parfaite de cette belle conduite; croyez
que je fuis entierement difpofée à
vous

vous entendre , & à me laisser persuader par vos raisonnemens , lors que je
ne pourray les détruire par de plus
forts. La promesse que je vous avois
faite de me découvrir toute à vous,
n'en sera que mieux observée , parce
qu'insensiblement dans mes réponses
qui partageront nôtre entretien , vous
remarquerez sur quel pied l'on m'a
établie , & vous jugerez par l'aveu
sincere que je vc us ferai de toute chose , du bon ou du mauvais chemin que
je suivray.

Angelique. **Mon** enfant , tu vas
peut-être être surprise des leçons que
je te vais donner , & tu seras étonnée
d'entendre une fille de dix neuf à
vingt ans faire la sçavante, & de la voir
penetrer dans les plus cachez secrets
de la politique religieuse. Ne croy pas,
ma chere , qu'un esprit de vaine gloire
anime mes paroles , non , je sçay que
j'étois encore moins éclairée que toy
à ton âge , & que tout ce que j'ay appris à succedé à une ignorance extreme ; mais il faut que je t'avouë aussi

B

qu'il

qu'il faudroit m'accuſer de ſtupidité, ſi les ſoins que pluſieurs grands hommes ont pris à me former, n'avoient été ſuivis d'aucun fruit ; & ſi l'intelligence qu'ils m'ont donnée de pluſieurs langues, ne m'avoit fait faire quelque progrés, par la lecture des bons livres.

Agnés. Ma chere Angelique commencéz je vous prie vos inſtructions, je languis dans l'impatience où je ſuis de vous entendre, vous n'avez jamais eu d'écoliere plus attentive que je le feray à tous vos diſcours

Angelique. Comme nous ne ſommes pas nées d'un ſexe à faire des loix, nous devons obeïr à celles que nous avons trouvées, & ſuivre comme des veritez connuës, beaucoup de choſes qui d'elles-mêmes ne paſſent chez pluſieurs que pour opinions. Je prétens, mon enfant, te confirmer par là, dans le ſentimens où tu es, qu'il y a un Dieu juſte & miſericordieux, qui demande nos hommages, & qui de la même bouche qu'il nous défend le mal,

mal, nous commande la pratique du bien. Mais comme tous ne conviennent pas de ce qui ſe doit appeller bien ou mal; & qu'une infinité d'actions pour leſquelles on nous donne de l'horreur, ſont reçûës & approuvées chez nos voiſins : Je t'apprendrai en peu de paroles, ce qu'un Reverend Pere Jeſuite qui a une affection particuliere pour moy, me diſoit dans le temps qu'il tâchoit à m'ouvrir l'eſprit, & à le rendre capable des ſpeculations preſentes.

Comme tout vôtre bon-heur, ma chere Angelique (c'eſt ainſi qu'il me parloit) dépend d'une parfaite connoiſſance de l'état Religieux que vous avez embraſſé, je veux vous en faire une naïve peinture, & vous donner les moyens de vivre dans vôtre ſolitude, ſans aucune inquietude ou chagrin, qui proviennent de vôtre engagement. Pour proceder avec methode dans l'inſtruction que je vous veux donner, vous devez remarquer que la Religion (j'entens par ce mot tous

les

les Ordres Monaſtiques) eſt compo-
ſée de deux corps, dont l'un eſt pure-
ment celeſte & ſur naturel, & l'autre
terreſtre & corruptible, qui n'eſt que
de l'invention des hommes ; l'un eſt
politique, & l'autre miſtique par rapport à Jeſus Chriſt qui eſt l'unique
Chef de la veritable Egliſe. L'un eſt
permanent, parce qu'il conſiſte dans
la parole de Dieu qui eſt immuable &
éternelle, & l'autre eſt ſujet à une infinité de changemens, parce qu'il dépend de celle des hommes qui eſt in fi-
nie & faillible. Cela ſuppoſé, il faut
ſeparer ces deux corps, & en faire un
juſte diſcernement, pour ſçavoir à
quoy nous ſommes veritablement
obligéz. Ce n'eſt pas une petite difficulté de les bien démêler. La politique comme la plus foible partie,
s'eſt tellement unie á l'autre qui eſt la
plus forte, que tout eſt preſque à preſent confondu, & la voix des hommes
confuſe avec celle de Dieu. C'eſt de
ce deſordre que les illuſions, les ſcru-
pules, les geſnes, & ces bourellemens
de

de conscience qui mettent souvent une pauvre ame au desespoir, ont pris nais-sance, & que ce joug qui doit être leger & facile à porter, est devenu par l'imposition des hommes, pesant, lourd, & insupportable à plusieurs.

Parmi de si épaisses tenebres, & une si visible alteration de toutes choses, il faut s'attacher uniquement au gros de l'arbre, sans se mettre en peine d'embrasser ses branches; & ses ra-meaux. Il faut se contenter d'obeïr aux preceptes du Souverain Legeisla-teur, & tenir pour certain que toutes ces œuvres de surerogation, ausquel-les la voix des hommes nous veut en-gager, ne doivent pas nous causer un moment d'inquietude. Il faut en obeïssant à ce Dieu qui nous comman-de, de regarder si sa volonté est écri-te de ses propres doigts, si elle sort de la bouche de son Fils, ou si elle part seulemennt de celle du peuple. Telle-ment que Sœur Angelique peut sans scrupulé, allonger ses chaînes, em-bellir sa solitude, & donnant un air

gay

gay à toutes ses actions, s'apprivoiser avec le monde, elle peut, continuat-il, se dispenser, autant que prudemment elle pourra faire, de l'execution de tout ce facras de vœux & promesses, qu'elle a faite indiscretement, entre les mains des hommes; & rentrer dans les mêmes droits où elle étoit devant son engagement, ne suivant que ces premieres obligations.

Voilà, poursuivit-il, pour ce qui regarde la paix interieure, car pour l'exterieur vous ne pouvez sans pecher contre la prudence, vous dispenser de le donner aux loix, aux coûtumes, & aux mœurs, ausquels vous vous étes assujettie, en entrant dans le Cloitre. Vous devez même paroître zelée, & servente dans les exercices les plus penibles, si quelque interest de gloire, ou d'honneur dépend de ces occupations, vous pouvez parer vôtre chambre de haires, de cilices, & de rosettes, & par ce devot étalage meriter autant que celle qui indiscretement s'en déchirera le corps.

Agnés.

Agnes. Ah! que je suis ravie de t'entendre, l'extreme plaisir que j'y ay pris m'a empêché de t'interrompre, & cette liberté de conscience que tu commence à me rendre par ton discours, me décharge d'un nombre presque infini de peines qui me tourmentoient. Mais continuë, je te prie, & m'apprend quelle a été le dessein de la Politique, dans l'établissement de tant d'Ordres, dont les Regles, & les Contistitutions sont si rigoureuses?

Augélique. On peut considerer dans la foudation de tous les Monasteres, deux Ouvriers qui y ont travaillé, à sçavoir le Fondateur & la Politique. L'intention du premier, a souvent été pure, sainte, & éloignée de tous les desseins de l'autre. Et sans avoir d'autre vûë que le salut des ames, il a proposé des Regles & des manieres de viure, qu'il a crû necessaires, ou tout au moins utiles à son avancement spirituel, & à celuy de son prochain. C'est par là que les deserts se sont peuplez, & que les Cloitres

tres se sont bâtis ; le zele d'un seul en échauffoit plusieurs, & leur principale occupation étant de chanter continuellement les loüangés du vray Dieu, ils attiroient par ces pieux exercices, des compagnies entieres, qui s'unissoient à eux, & ne faisoient qu'un corps. Je parle en cecy, de ce qui s'est passé dans la ferveur des premiers siecles ; car pour le reste il en faut reison ner autrement, & ne pas penser que cette innocente primitive, & ce beau caractere de devotion se soient long-temps conservez, & ayent fair le pattage de ceux que nous voyons à present.

La Poltique qui ne peut rien souffrir de défectueux dans un Etat, voyant l'accroissement de ces Reclus, leur desordre, & leur déreglement, a été obligée d'y mettre la main, elle en a banni plusieurs, & retranché des Constitutions des autres, ce qu'elle n'a pas crû necessaire à l'interest commun. Elle auroit bien voulu se défai-re en tierement de ces sansuës, qui dans une oisiveté, & une faineantise horri-ble,

ble, se nourrissoient du labeur du pauvre peuple ; mais ce boucher de la Religion dont ils se couvroient ; & l'esprit du vulgaire dont ils s'étoient déja emparez, ont fait prendre un autre tour, pour que ces sottes de Compagnies ne fussent pas entierement inutiles à le Republique.

La Politique a donc regardé toutes ces maisons comme des lieux communs où elle se pourroit décharger de ces superfluitez ; elle s'en sert pour le soulagement des familles, que le grand nombre d'enfans rendroient pauvres & indigentes, s'ils n'avoient des androies qour les retirer, & afin que leur retraite soit sans esperance de retour, elle a inventé les vœux, par lesquels elle prétend uous lier, & nous attacher indissolublement à l'état quelle nous fait embrasser : elle nous fait même renoncer aux droits que la Nature nous a donné, & nous separent tellement du monde, que nous n'en faisons plus une partie. Tu conçois bien tour cecy ?

B 5   *Agnès.*

Agnés. Ouy, mais d'où vient que cette maudite Politique, qui de libres nous rend esclaves, approuve davantage les Regles qui n'ont rien que de rude & d'austere, que celles qui sont moins rigoureuses?

Angelique. En voïcy la raison. Elle regarde les Religieue & Religieuses comme des membres retranchez de son corps, & comme des parties separées dont la vie ne ne luy semble en particulier utile à aucune chose, mais bien plûtôt dommageable au public. Et comme ce seroit une action qui paroitroit inhumaine que de s'en defaire ouvertement. Elle se sert de stratagemes, & sous pretexte de devotion, elle engage ces pauvres victimes à s'égorger elles-mêmes, & à se charger de tant de jeûnes, de penitences. & de mortifications, qu'enfin ces innocentes succombent, & font place par leur mort, à d'autres qui doivent être aussi miserables, si elles ne sont pas plus éclairées. De cette maniere, un pere est souvent le boureau de ses enfans,

fans, & fans y penfer il les facrifient à la Politique, lors qu'il croit ne les of- frir qu'à Dieu.

Agnés. Ah pitoyable effet d'un dé- teftable gouvernement ! Tu me don- ne la vie , ma chere Angelique, en me retirant par tes raifons du grand che- min que je fuivois, peu de perfonnes mettoient plus en ufage que moy tou- tes les mortifications les plus rudes, je me fuis accablée de coups de difcipli- ne pour combatte fouveni des mou- vemens innocens de la Nature, que mon Directeur faifoit paffer pour des déreglemens horribles. Ah, faue-il que j'aye ainfi été dans l'abus ! C'eft fans doute par cette cruelle maxime que les ordres mitigez font méprifez, & que ceux qui n'ont rien que d'af- freux, font loüez & élévez jufques au Ciel. Oh Dieu, fouffrez-vous qu'on abufe ainfi de vôtre Nom, pour des executions fi injuftes ? & permettez- vous que des hommes vous contre- faffent !

Angelique. Ah, mon enfant, que
B 6
ces

ces exclamations me font bien connoitre qu'il te manque eucore quelque lumiere, pour voir clair univer-
fellement en toutes chofes, demeu-
rons-en là, ton efprit n'eft pas capable pour le prefent d'une fpeculation
plus delicate. *Aime Dieu, & ton
prochain*, & croy que toute la Loy eft
renfermée dans ces deux Commandemens.

Agnés. Quoy, Angelique, vou-
driez-vous me laiffer dans quelque
erreur ?

Angelique. Non, mon cœur, tu
feras pleinement inftruite, & je te
mettray un Livre entre les mains, qui
achevera de te rendre fçavante, & où
tu apprendras avec facilité, ce que je
n'aurois pû t'expliquer qu'avec confufion.

Agnés. Cela fuffit. Il faut que je
vous avouë que j'ai trouvé cet endroit
plaifant. *Que les Cloitres font les
lieux communs, où la Politique fe décharge de ces ordures !* il me femble
qu'on ne peut pas en parler d'une
ma-

maniere plus baſſe & plus humi-
liante ?

Angelique. Il eſt vray que l'ex-
preſſion eſt un peu forte ; mais elle
n'eſt gueres plus chocante qu e cele
d'un autre qui diſoit que *les Moines
& les Moineſſes étoient dans l'Egliſe
ce que les Rats, & les Souris étoient
dans l'Arche de Noé.*

Agnés. Vous avez raiſon, & j'ad-
mire la facilité que vous avez à vous
énoncer, je ne voudrois pas pour tout
ce que je puis avoir de plus cher, que
l'occaſion de ma porte entr'ouverte
n'eût donné lieu à nôtre entretien ?
Ouy j'ay penetré dans le ſens de toutes vos paroles.

Angelique. Eh bien, en feras-tu
un bon uſage ? & ce beau corps qui
n'eſt coupable d'aucun crime, ſera-t-il
encore traité comme le plus infame
ſcelerat qui ſoit au monde ?

Agnés. Non, je prétens luy tenir
compte du mauvais temps que je luy
ay fait paſſer, je luy en demande par-
don, & en particulier d'une rude diſ-
pline,

pline, que je luy fis hier reſſentir par l'avis de mon Confeſſeur.

Angelique. Baiſe-moy, ma pauvre enfant, je ſuis plus touhée de ce que tu me dis, que ſi je l'avois éprouvee ſur moy-même, il faut que ce châtiment ſoit le dernier qui te fatigue: mais encore te fis-tu grand mal?

Agnés. Helas! mon zele étoit indiſcret, & je croyois que plus je frappois, plus j'avois de merite, mon enbon point, & ma jeuneſſe me rendoient ſenſible aux moindres coups; tellement qu'à la fin de ce bel exercice, j'avois le derriere tout en feu: je ne ſçay même ſi je n'y avois point quelque bleſſure, parce que j'étois tout à fait tranſportée, lors que je l'outrageois ſi vivement.

Angelique. Il faut ma mignonne que j'en faſſe la viſite, & que je voye dequoy eſt capable une ferveur mal conduite?

Agnés. Oh Dieu! faut-il que je ſouffre cela? c'eſt donc tout de bon que vous parlez, je ne puis l'enl'endurer fans confufion ? Oh, oh !

Angelique. Et à quoy fert donc tout ce que je t'ay dit, fi une fotte pudeur te retient encore ? quel mal y-at-il à m'accorder ce que je te demande ?

Agnés. Il eft vray, j'ay tort, & vôtre curiofité n'eft point blâmable, fatisfaite la comme vous fohaitez.

Angelique. Oh ! le voilà donc à découvert ce beau vifage toûjours voilé ? mets-toy à genoux fur ta couche, & baife un peu la tête, afin que je remarque la violence de tes coups. Ah Bonté divine quelle bigarure ! il me femble que je vois du taffetas de la Chine, ou bien du rayé du temps paffé ! il faut avoir une grande dévotion au *Miftere de la Flagellation* pour enluminer ainfi les feffes ?

Agnés. Eh bien, as-tu affez contemplé cet innocent outragé ? Oh Dieu comme tu le manie, laiffe-le en repos, afin qu'il reprenne fon premier teint, & qu'il fe défaffe de ce coloris étranger. Quoy tu le baife ?

An

Angelique. Ne t'y oppose pas, mon enfant, j'ay l'ame du monde la plus compassive, & comme c'est une œuvre de misericorde de consoler les affligez ; je croy que je ne sçaurois leur faire trop de caresse pour dignement m'aquitter de ce devoir. Ah que tu as cette partie bien formée ! & que la blancheur, . & l'enbonpoint qui y paroissent, luy donnent d'éclat ! j'apperçois aussi un autre endroit, qui n'est pas moins bien partagé de la Nature, c'est *la Nature même.*

Agnés. Retire ta main je te prie de ce lieu, si tu ne veux y causer une incendie qui ne pourroit pas s'éteindre facilement ? il faut que je t'avoüe mon foible, je suis la fille la plus sensible qui se puisse trouver, & ce qui ne causeroit pas à d'autres la moindre émotion, me met souvent toute en desordre.

Angelique. Quoy tu n'es donc pas si froide, comme tu voulois me persuader au commencement de nôtre conversation ? & je croy que tu feras
aussi

auſſi bien ton perſonnage, qu'aucune que je connoiſſe, quand je t'auray miſe entre les mains de cinq ou ſix bons Freres. Je ſouhaiterois pour ce ſujet, que le temps de la retraite, où je vais entrer ſelon la coûtume, pût ſe differer, afin de me trouver avec toy au Parloir. Mais il n'importe, je m'en conſoleray par le recit que tu me feras de tout ce qui ſe ſera paſſé ; à ſçavoir ſi *l'Abbé* aura mieux fait que *le Moine*, ſi *le Feüillant* l'aura emporté ſur *le Jeſuite*, & enfin ſi toute *la Fratraille* t'aura pleinement ſatisfaite.

Agnés. Ah que je me figure d'embarras dans ces ſortes d'entretiens, & qu'ils me trouveront Novice en fait d'amourettes !

Angelique. Ne te mets pas en peine, ils ſçavent de la maniere qu'il faut uſer avec tout le monde, & un quart d'heure avec eux, te rendra plus ſçavante, que tous les preceptes que tu pourrois recevoir de moy, dans une ſemaine ça, couvre ton derriere, de crainte qu'il ne s'enrûme : tien il aura
encore

encore ce baiſer de moy, & celuy-cy
& celuy-là.

Agnés. Que tu és badine. Crois-
tu que j'aurois ſouffert ces ſottiſes,
ſans que je ſçay que rien n'y eſt of-
fenſé.

Angelique. Si cela étoit je peche-
rois donc à tout moment, car le ſoin
qu'on m'a donné des Ecolieres, & des
Penſionnaires, m'obligé à viſiter leur
maiſon de derriere bien ſouvent. Encore hier je donnai le foüet à une, plu-
tôt pour ma ſatisfaction, que pour aucune faute qu'elle eut commiſe, je
prenois un plaiſir ſingulier à la con-
templer, elle eſt fort jolie & a déja
treize ans.

Agnés. Je ſoûpire aprés cet employ de maîtreſſe de l'Ecole, afin de
prendre un ſemblable divertiſſement.
Je ſuis frappée de cette fantaiſie, &
même je ſerois ravie de voir en toy ce
que tu as conſideré ſi attentivement
dans ma perſonne.

Angelique. Helas mon enfant, la
demande que tu me fais ne me ſur-
prend

prend point, nous sommes toutes for-
mées de même pate. Tien je me mets
dans ta posture, bon leve ma juppe &
ma chemise le plus haut que tu pourras.

Agnés. J'ay grande envie de prendre ma discipline , & de faire en sorte
que ces deux Sœurs jumelles n'ayent
rien à me reprocher.

Angelique. Ouf! ouf! ouf! comme tu y vas ! Ces sortes de jeux ne me
plaisent que quand ils ne sont pas violens ? tréve, tréve, si ta devotion t'alloit reprendre, je serois perduë : Oh
Dieu que tu as le bras flexible , j'ay
dessein de t'associer dans mon office,
mais il y faut un peu plus de moderation.

Agnés. Voilà certes bien dequoy
ce plaindre, ce n'est pas là la dixme des
coups que j'ay reçûs, je te remets le
reste à une autre fois , il faut accorder
quelque chose à ton peu de courage.
Sçais tu bien que cet endroit en de-
vient plus beau , un certain feu qui l'a-
nime, luy communique un vermillon
plus

plus pur & plus brillant que tout celuy d'Espagne. Approche-toy un peu
plus prés de la fenêtre, afin que le jour
m'en découvre toutes les beautez.
Voile la qui est bien. Je ne me lasserois
jamais de le regarder, je vois tout ce
que je souhaitois jusques à son voisi-
nage, pourquoy couvre tu cette partie de ta main ?

Angelique. Helas tu peux la considerer aussi bien que le reste, s'il y a
du mal à cette occupation, il n'est pas
préjudiciable à personne, & ne trou-
ble aucunement la tranquillité publi-
que.

Agnés. Comment pourroit-il la
troubler, puis que nous n'en faisons
plus une partie; outre que les fautes
cachées sont à demi pardonnées.

Angelique. Tu as raison, car si
l'on pratiquoit dans le monde autant
de crimes, pour parler conformement à nos Regles, comme il s'en
commet dans les Cloitres, la Police
seroit obligée d'en corriger les abus,
& couperoit le cours à tous ces desor-
dres.

Agnés.

Agnés. Je croy auſſi que les peres & meres ne permettroient jamais l'entrée de nos Maiſons à leurs enfans, s'ils en connoiſſoient le déreglement.

Angelique. Il n'en faut pas douter, mais comme la plûpart des fautes y ſont ſecrettes, & que la diſſimulation y regne plus qu'en aucun endroit, tous ceux qui y demeurent n'en apperçoivent pas les defauts ; mais ſervent eux-mêmes à engager les autres. Outre que l'intereſt particulier des familles, l'emporte ſouvent ſur beaucoup d'autres conſiderations.

Agnés. Les Conſeſſeurs & les Directeurs des Cloitres, ont un talent particulier, pour faire aller dans leurs filets, de pauvres innocentes qui tombent dans un piege, en penſant trouver un treſor.

Angelique. Il eſt vray, & je l'ay éprouvé en ma perſonne. Je n'avois aucun penchant pour la Religion, je combattois vivement les raiſons de ceux qui m'y portoient, & jamais je
n'y

n'y ſerois entrée , ſi un Jeſuite qui
pour lors gouvernoit ce Monaſtere, ne
s'en étoit mêlé , un intereſt de famille
obligea ma mere qui m'aimoit ten-
drement, & qui s'y étoit toûjours oppoſée à y donner les mains. J'y reſi-
ſtay long-temps , parce que je ne pré-
voyois pas que le Comte de la Roche
mon frere aîné , par le droit de No-
bleſſe, & par les Coûtumes du païs,
emportoit preſque tout le bien de la
maiſon, & nous laiſſoit ſix , ſans autre
appuy que celuy qu'il nous promet-
toit , qui ſelon ſon humeur devoit être
peu de choſe. Enfin il ceda dix mille
francs, à ce qu'il me dit, de ces pré-
tentions , auſquels quatre furent ajoû-
tez , tellement que j'apportay qua-
torze mille livres pour mon dot, en
faiſant profeſſion dans ce Convent
Mais pour revenir à l'adreſſe de celuy
qui m'em debaucha , tu ſçauras qu'on
fit en ſorte que je me rencontraſſe avec
luy , une aprés dînée que j'étois allée
rendre viſite à une de mes couſines
qui étoit Religieuſe , & qui mouroit
d'envie

d'en vie de me voir revêtuë d'un habit femblable au fien.

Agnés. N'étoit-ce pas, Sœur Victorie ?

Angelique. Ouy. Nous étant donc trouvez tous trois à un même Parloir, le Jefuite, Victorie, & moy, nous commençâmes par les complimens & les civilitez, dont on ufe dans les premieres entrevûës, elles furent fuivies d'un difcours de ce Loyolifte touchant les vanitez du fiecle, & la difficulté de faire fon falut dans le monde, qui difpofa beaucoup mon efprit à fe laiffer tromper : Ce n'étoient neanmoins que de legeres preparations, il avoit bien d'autres fubtilitez pour s'infinuer dans mon interieur, & pour me faire entrer dans fes fentimens, il me difoit quelquefois qu'il remarquoit dans ma phifionomie le veritable caractere d'une ame Religieufe, qu'il avoit un don particulier pour en faire un jufte difcernement, & que je ne pouvois fans faire une injure à Dieu, (c'eft ainfi qu'il parloit) confacrer au

monde

monde une beauté aussi parfaite que la mienne.

Agnés. Il ne s'y prenoit pas mal, que répondois-tu à tout cela ?

Angelique. Je combatis d'abord ces premieres raisons, par d'autres que je luy opposois, qu'il détruisoit avec un artifice merveilleux ; Victorie aidoit encore à me tromper, & me faisoit voir la Religion du côté qu'elle peut avoir quelque chose d'aimable, & me cachoit adroitement tout ce qui étoit capable de m'en rebuter. Enfin le Jesuite, qui comme j'ay appris, avoit bien fait des conquêtes plus difficilés, fit ses derniers efforts pour s'assurer de la mienne. Il y réüssit par la peinture qu'il me fit du monde, & de la Religion, & me contraignit par la force de son éloquence, à embrasser étroitement son parti.

Agnés. Mais encore que dit-il qui fut capable d'exercer un pouvoir si absolu sur ton esprit ?

Angelique. Je ne puis te le rapporter dans son étenduë, car il me tint

trois

trois heures à la grille : tu sçauras seulement, qu'il me prouva par des raisonnemens que je croyois forts, que c'étoit là ma vocation, dans laquelle seule je pouvois faire mon salut, qu'il n'y avoit point de sûreté pour moi, ni de chemin hors de là; que le monde n'étoit rempli que d'écueïls, & de precipices ; que les excés des Religieux valoient mieux que la moderation des Mondains, & que le repos & la contemplation des uns, étoit en même temps plus douce, & plus meritoire que l'action, & tout l'embarras des autres. Que c'étoit dans les Cloîtres seuls, où l'on pouvoit traiter familierement avec Dieu, & par consequent, que pour se rendre digne d'une communication si sainte & si relevée, il falloit fur la compagnie des hommes. Que c'étoit dans ces lieux que se conservoient les restes de l'ancienne ferveur des Chrêtiens, & qu'on pouvoit voir l'image veritable de la primitive Eglise.

Agnés. On ne pouvoit pas parler

avec plus d'éloquence, & tout enfemble avec plus d'artifice, car je remarque qu'il ne te dit pas un mot des rigueurs & des aufteritez qui pouvoient t'épouventer.

Angelique. Tu te trompe, il n'oublia rien. Mais les peines & les mortifications dont il me parla, furent affaifonnées de tant de douceur, que je ne les trouvay point de mauvais goût. Je ne veux rien vous cacher (me difoit-il.) Ces devotes compagnies, dont j'efpere que vous augmenterez le nombre, travaillent jour & nuit par leurs aufteritez, & penitences, à dompter l'orgueil, & l'infolence de la nature, elle exercent fur leurs fens une violence qui dire toûjours; fans mourir leur ame eft feparée de leur corps, & méprifant également la douleur & la volupté, elles vivent comme fi elles n'étoient faites que du feul efprit. Ce n'eft pas tout (pourfuivit-il) d'un ton perfuafif, elles font un facrifice rigoureux de leur liberté, elles fe dépoüillent de tous leurs biens

pour

pour s'enrichir feulement d'efperan-
ces, & s'impofent par des vœux fo-
lemnels, la neceffité d'une perpetuel-
le vertu.

Agnés. C'étoit un maître Orateur de ce Difciple de Loyola, je
fouhaiterois le connoître ?

Angelique. Tu le connois bien,
& je t'appendray de petites particul-
laritez de fa vie, qui te feront croire,
qu'il fçait faire plus d'un perfonna-
ge. Mais il faut que je t'acheve le
refte. Voilà Mademoifelle, bien des
chaines des rigueurs, & des mortifications que je vous prefente ; mais le
croiriez-vous, me dit-il, ces faintes
ames dont je vous parlois prefente
ment, font glorieufes de ce joug, elles font vaines de cette fervitude, & il
ne s'offre point de rude peine à fouf-
frir, qu'elles n'eftiment une grande re-
compenfe ; elles font toutes leurs
amours & leur paffion du fervice de
Jefus Chrift ; c'eft luy feul qui les
mes toutes en feu, pour peu qu'il les
touche, c'eft luy qui eft l'unique Maî-
C 2

tre

tre de leur cœur, & qui sçait faire succeder à leurs peines, des joyes & des douceurs incroyables.

Agnés. Sans doute tu fûs charmée par ce beau discours.

Angelique. Ouy mon enfant, ce Charlatan me persuada, ses paroles me changerent en un moment, elles m'arracherent à moy-même, & me firent rechercher avec ardeur, ce que j'avois toûjours fui avec constance. Je devins la plus scrupuleuse du monde, & parce qu'il m'avoit dit qu'hors du Cloître, je ne pouvois faire mon salut, je m'imaginois devant que d'y être entrée, avoir tous les diables à mes côtez. Depuis ce temps, il a voulu luy-même me remettre dans le bon sens, il m'a donné les connoissances qui pouvoient me tirer des tenebres, où il m'avoit jettée, & c'est à sa Morale que je dois tout le repos, & la quietude d'esprit que je possede.

Agnés. Apprend moy donc vîte qui est ce personnage.

Angelique. C'est le Pere de Raucourt?

A.

Agnés. Oh Dieu quel enchanteur ! j'ay été une fois à confesse à luy, je le prenois pour l'homme du Monde le plus devot, il est vray qu'il fçait l'art de gagner les cœurs, en perfection, & qu'il persuade ce qu'il desire. Mais je luy veux mal de m'avoir laissée dans l'erreur où il me trouva, & d'où il me pouvoit dégager.

Angelique. Ah ! qu'il est trop prudent pour se mettre ainsi au hazard ; il te voyoit dans une bigotterie extraordinaire, dans des scrupules horribles, & sçavoit que d'une extremité à l'autre on ne peut pas reduire une fille si facilement. Outre que si un seul Saint éclairoit tous les aveugles, il n'y auroit plus de miracle à faire pour les autres, tu m'entens bien ! c'est à dire, que si tu avois eu la foy, tu aurois été gueri, & que si ce sage Directeur eût reconnu en toy quelques dispositions à suivre ses ordonnances, il t'auroit servi de Medecin.

Agnés. Je le croy, mais j'aime

autant

autant t'en avoir l'obligation qu'à luy-même. Apprend moy je te prie quelque trait de la vie de ce Bienheureux

Angelique. Je le veux mon petit cœur, baise-moy donc & m'embrasse bien amoureusement auparavant: ah! ah! voilà qui est bien. Ah que je suis charmée de la beauté de ta bouche & de tes yeux, un seul de tes baisers me transporte plus que je ne puis te l'exprimer.

Ageés. Commence donc ? ah que tu és une grande baiseuse!

Angelique. Je ne me lasse jamais de caresser ce que je trouve aimable. Puisque tu connois le Pere de Raucourt, il n'est pas necessaire que je te die, que c'est l'homme du monde le plus intriguant, le plus adroit, & le plus spirituel qui se puisse trouver. Seulement je t'apprendray qu'en fait d'amitié il est délicat au dernier point, & que comme il croit valoir quelque chose, il faut avoir bien des qualitez pour luy plaire. Entre toutes ces conquêtes

quêtes il n'en contoit point de plus glorieuſe, que celle qu'il avoit faite d'une jeune Religieuſe d'un Couvent de cette ville, qui s'appelle ſœur Virginie.

Agnés. J'en ay ouï parler comme d'une beauté achevée, mais je n'en ſçay point d'autres particularitez.

Angelique. C'eſt une fille la plus belle qui ſe puiſſe voir, ſi le portrait que ſon galant m'en a montré eſt fidele, pour de l'eſprit elle en eſt autant bien partagée qu'elle le pouvoit ſouhaiter, elle eſt enjoüée, elle touche pluſieurs inſtrumens, & chante avec des charmes capables d'enlever, les cœurs. Il y avoit déja quelque mois que nôtre Jeſuite ſe l'étoit entierement aquiſe, & qu'ils joüisſoient tous deux de cette douce tranquilité qui fait tout le bon-heur des amans, lors que la jalouſie commença le deſordre que tu vas entendre.

Il y avoit dans le même Monaſteré une Religieuſe pour qui le Pere avoit

avoit témoigné avoir de l'amitié, & à qui il avoit fait plufieurs vifites fur ce pied là: il en avoit même reçû quelques faveurs, capables d'engager fortement un homme un peu fidelle, mais l'éclat de la beauté de Virginie, l'emporta fur fon cœur, il fe dégagea interieurement de cette premiere habitude, & ne donna plus à cette pauvre fille, que l'exterieur, & les apparences d'un veritable amour. Elle s'apperçût bien-tôt du changement, & vit clairement qu'il y avoit du partage. Elle diffimula neanmoins fon chagrin, & voyant qu'elle avoit affaire à une Rivale que la furpaffoit en tout, elle ne fit point deffein de s'attaquer à elle, mais elle jura la perte de celuy qui la méprifoit.

Pour venir plus facilement à bout de fon entreprife, elle étudia les heures, & les momens, que Virginie donnoit à l'entretien de ce Religieux amant, & comme elle avoit appris par experience, qu'il ne fe contentoit par de paroles, ni de faveurs legeres, elle crût avec raifon qu'elle pourroit les furprendre dans de certains exercices dont la connoiffance la rendroit Maîtreffe du fort de fon infidelle : elle fut long-temps devant que de rien découvrir d'affezfort, pour éclater, elle apparçût bien deux ou trois fois ce pauvre Pere qui fe réchauffoit la main dans le fein de Virginie, elles les vit fe donnant quelques baifers, avec une ardeur incroyable, mais cela paffoit pour bagatelles dans fon efprit, & comme elle fçavoit qu'on ne comptoit dans le Cloitre ces fortes d'actions que pour des Peccatilles, que l'eau benite efface ; elle s'en teut en attendant une meilleure occafion de parler.

Agnés. Ah que je crains pour la pauvre Virginie !

Angelique. Nos amans qui ne doutoient point des embûches qu'on leur dreffoit, ne prenoient point de mefures pour s'en défendre, ils fe voyoient deux ou trois fois la femaine, & s'écrivoient des billets lorfque la prudence les obligeoit à fe fe-

C 5

pares

parer par quelque temps l'un de l'autre, de crainte de donner lieu à la
médifance. Les lettres du Pere dont
les expreffions étoient fortes, & tendres, acheverent de luy gagner tout
à fait Virginie, il la fut voir aprés
huit jours d'abfence, & remarqua à
fes yeux & à fa contenance, qu'il en
auroit ce qu'elle luy avoit toûjours
refufé auparavant. Cependant fa rivale n'étoit pas oifive, car étant d'intelligence avec la Mere portiere, elle venoit d'apprendre l'arrivée du Jefuite, & ne doutant point qu'aprés
un fi long intervalle, ils n'en vins-
fent à des privautez telles qu'elles
les auroit fouhaitées pour foy même,
elle fe tranfporta animée de la ja-
loufie dans un lieu voifin du parloir,
où par le moyen d'une petite ouverture qu'elle avoit faite, elle pouvoit
découvrir jufques aux moindres mouvemens de ceux qui s'y entretenoient, & entendre leurs plus fecre-
tes converfations.

Agnés. C'eft ici que ma crainte fe
renou-

renouvelle. Ah que je veux de mal à cette curieuse de troubler si malicieusement le repos de deux malheureux amans?

Angelique. Afin que les dépositions qu'elle avoit dessein de faire, de ce qu'elle verroit, fussent reçûës sans difficulté, elle prit une autre Religieuse avec soy, qui pût rendre un semblable témoignage. S'étant donc postées l'une & l'autre dans l'endroit dont je t'ay parlé, elles apperçûrent nos deux amans qui s'entretenoient plus par leurs regards & par leurs soûpirs, que par les paroles, ils se serroient étroitement la main, & se regardant avec langueur ils se disoient quelque mots de tendresse, qui partoient plus de leur cœur, que de leur bouche. Cette amoureuse contemplation, fut suivie de l'ouverture d'une petite fenêtre quarée, qui étoit vers le milieu de la grille, & qui servoit à passer les paquets un peu gros dont on faisoit present aux Religieuses. Ce fut pour

lors

lors que Virginie reçût & donna mille baisers, mais avec des transports si grands, avec des saillies si surprenantes, que l'amour même n'auroit pas pû en augmenter l'ardeur; Ah ma chere Virginie, commença nôtre passionné, vous voulez donc que nous en demeurions là ? helas ! que vous avez peu de retour pour ceux qui vous aiment, & que vous sçavez bien pratiquer l'art de les tourmenter ? eh quoy reprit nôtre Vestale puis-je encore vous faire present de quelque chose aprés vous avoir donné mon cœur ? ah que vôtre amour est tirannique, je sçay ce que vous desirez, je sçay même que j'ay eu la foiblesse de vous le faire esperer, mais je n'ignore pas que c'est tout mon bien, & toute ma richesse, & que je ne puis vous l'accorder, qu'en me reduisant à l'extremité. Ne pouvons-nous pas en demeurant dans les termes où nous sommes, passer ensemble de doux momens, & goûter des plaisirs d'autant plus par-

faits,

faits, qu'ils feront purs & innocens?
Si vôrre bon-heur comme vous me
dites, ne dépend que de la perte de
ce que j'ay de plus cher, vous ne pouvez être heureux qu'une feule fois
& moy toûjours miferable, puifque
c'eft une chofe qui ne fe peut recou-
vrir, pour fe laiffer perdre comme
auparavant, Croyez-moy, aimons-
nous comme un frere aime une fœur,
& donnons à cette amour toutes
les libertez qu'il pourra s'imaginer,
à l'exception d'une feule.

Agnés. Et le Jefuite ne répon-
doit-il point à tout cela ?

Angelique. Non pendant tout ce
difcours il ne dit rien, mais fe foûte-
nant la tête d'une main, dans une
pofture de melancolique, il regardoit
avec des yeux remplir de langueur,
celle qui luy parloit. Aprés quoy
luy prenant la main au travers de la
grille, il luy dit d'un air touchant.
Il faut donc changer de methode, &
n'aimer plus comme auparavant ?
le pouvez-vous Virginie ? pour
moy

moy je ne puis rien retrancher de mon amour, & les regles que vous venez de me preſcrire, ne peuvent être reçûës d'un veritable amant : il luy exagera enſuite avec tant de feu l'excés de ſon ardeur, qu'il la déconcerta entierement ; & tira d'elle une promeſſe de vive voix, de luy accorder dans quelques jours ce qui ſeul devoit le rendre parfaitement heureux, il la ſit pour lors approcher plus prés de la grille, & l'ayant fait monter ſur un ſiege aſſez élevé, il la conjure de luy permettre au moins de ſatisfaire ſa vûë, puiſque toute autre liberté luy étoit défenduë, elle luy obeït aprés quelque reſiſtance, & luy donna le temps de voir & de manier les endroits conſacrez à la Chaſteté, & à la continence. Elle de ſon côté voulut auſſi contenter ſes yeux par une pareille curioſité, & le Jeſuite qui n'étoit pas inſenſible en trouva aiſemeut les moyens, & elle obtint de luy ce qu'elle deſiroit, avec plus de facilité qu'elle ne luy avoit accordé. Ce fut

fut là, le moment fatal de l'un & de l'autre, & celuy que defiroient nos Efpionnes: elles contemploient avec une fatisfaction extraordinaire, les plus beaux endroits du corps nu de leur compagne, que le Jefuite mettoit à découvert, & qu'il manioit avec les tranfports d'un amant infenfé. Tantôt elles admiroient nne partie, tantôt une autre, felon que le Pere officieux, tournoit & faifoit changer de fituation à fon amant, tellement que quand il confideroit le devant, il leur expofoit en veuë fon derriere, parce que fa juppe d'un côté & d'autre étoit levée jufques à la ceinture.

Agnés. Il me femble que je fuis prefente à ce fpectacle, tant tu en rapporte l'hiftoire naïvement.

Angelique. Enfin ils terminerent leurs badineries, & nos deux Sœurs fe retirerent dans le deffein de couper le cours à ces amours mal conduits. & d'empêcher l'effet de la promeffe de Virginie. Par un bonheur particulier pour cette pauvre inno-

innocente, la Religieuse que sa Rivale étoit associée dans la confideration de ce qui s'étoit passé, avoit une amitié bien tendre pour elle, & tâcha à trouver un biais pour détruire le Jesuite, sans nuire à celle qu'elle cherissoit: elle luy fit connoître ce qu'elle sçavoit d'elle, l'assura de ne rien faire à son préjudice, pourveu qu'elle luy promit de rompre entierement avec ce Religieux, & de n'avoir pas à l'avenir la moindre communication avec luy. Virginie toute honteuse de ce qu'elle apprenoit, s'engagea à tout ce qu'on voulut, demandant seulement avec instance que l'on conservât la reputation du Jesuite parce qu'il étoit impossible de nuire à l'un sans porter dommage à l'autre. Elle protesta qu'elle ne vouloit plus le voir, & que ce billet qu'elle luy alloit écrire pour luy donner avis de ne plus revenir, seroit le dernier qu'il recevroit d'elle. Ces conditions furent reçûës de toutes deux, quoy qu'avec peine, elles embrasembrafferent Virginie dont elles étoient devenuës amoureufes, & dirent en la quittant qu'elles vouloient prendre la place du Pere, & lier une étroite amitié avec elle.

Agnés. Elle en étoit quitte à bon marché, je croy qu'elle devoit cette Indulgence à fa beauté, & à fes autres qualitez qui la rendirent fans doute aimable à fon ennemie même?

Angelique. Ce n'eft pas encore icy la fin de nôtre hiftoire. Virginie écrivit donc promptement au Pere de Raucourt, & l'avertit par fon billet de tout ce qui fe paffoit, & des conditions aufquelles elle s'étoit engagée, pour fauver fon honneur, & le fien : elle luy remontra le danger où il s'expoferoit s'il revenoit pour la voir, & luy fit connoître qu'il étoit même impoffible qu'elle reçût de fes lettres s'il ne fe fervoit d'une intrigue particuliere, pour éviter leurs furprifes. Elle finiffoit par des proteftations d'un amour conftant,

ftant, & à l'épreuve de toutes les plus rudes attaques de la jalousie, & luy faifoit efperer que le temps pourroit diffiper cet orage, qui le menaçoit, & les rendre plus heureuz que jamais. Je ne dis point avec quelle furprife le pere reçût & lût cette lettre ce fut nn coup de foudre qui le frappa, il vit qu'il n'étoit pas à propos d'y faire ré-ponfe & qu'il faloit ceder au malheur qui s'oppofoit à fa bonne fortune, dans le moment qu'il étoit preft d'en jouir. Trois femaines s'étoient deja paf-fées de ce veuvage, lors que Virginie s'ennuyant de fa folitude, trouva par une adreffe merveilleufe le moyen d'a-prendre des nouvelles de fon Amant, & de luy faire part des fiennes. Elle feignit de s'être oubliée d'envoyer au Pere de Raucourt un Bonnet quarré, qu'il luy avoit donné à faire, du temps de leurs familiaritez paffées : fa rivale luy dit qu'elle eut à luy remettre en-tre les mains, & qu'elle le feroit tenir par une Touriere. Cela fut fait, la meffagere fut avertie de la maniere

qu'elle

qu'elle devoit parler, elle s'aquitta de
ſa commiſſion de point en point, & le
Jeſuite aprés avoir reçû le Bonnet, la
pria d'attendre un moment dans l'E-
gliſe afin d'avoir lieu de penſer à ce
qu'il voyoit. Aprés un peu de reflexion
il ſe douta du ſtratageme, fit ouverture dans un endroit du Bonnet, & y
trouva une lettre de Virginie, ſans l'e-
xaminer beaucoup, il y fit promptement la réponſe, qu'il plaça dans le
même lieu qu'il ferma le mieux
qu'il pût avec deux ou trois points
d'aiguilles. Il revint joindre la Touriere qu'il pria de reporter le Bonnet
afin qu'on le raccommodât parce qu'il
étoit de beaucoup trop étroit pour
luy, qu'il l'avoit fait eſſayer à pluſieurs
de la maiſon afin d'exempter la perſonne de la peine qn'elle auroit à le
reformer, mais qu'il ne s'étoit trouvé
aucun Pere à qui il fut propre, qu'au
reſte qu'il luy étoit fort obligé de la
patience qu'elle avoit euë à attendre ſi
long temps. La bonne ſœur répondit
par ſes reverences aux civilitez du
Pere,

Pere, & remporta le Bonnet quaré au Monastere, elle le remit par l'ordre de celle qui l'avoit euvoyée, entre les mains de Virginie, qui fut ravie d'y apprendre des nouvelles de celuy qu'elle aimoit, & de ce que son artifice avoit si bien réüssi.

Agnés. Il faut avoüer que l'Amour est bien inventif!

Angelique. Ce commerce dura plus d'un mois, il y avoit toûjours quelque chose à refaire à ce venerable Bonnet; de trois jours l'un, il falloit le porter au College, & le rapporter au Monastere. Personne ne s'imaginoit neanmoins qu'il y eut rien de mystérieux dans une semblable chose, on n'y prenoit pas garde, & ils auroient pû encore se servir de ce postillon sans l'accident qui le cassa au gage.

Agnés. Oh Dieu je m'imagine que le Pot eau Rose fut découvert par la Touriere?

Angelique. Non tu te trompe. Cela vint de ce qu'un jour de jeûne que le portier des Jesuites, étoit de mauvaise

vaiſe humeur pour n'avoir peut-être pas vuidé ſa Roquille à l'ordinaire. La Touriere qui avoit une infinité de commiſſions, & entr'autres celle du Bonnet, ſonna deux ou trois fois à la porte du College, pour ſe décharger au plûtôt de ſon meſſage. Ce bon Fre-re partit du Jardin où il étoit, & étant arrivé hors d'haleine, penſant que ce fut quelque Evêque, ou Archevêque, ou quelque autre Grandeur, qui eut ainſi ſonné en Maître, il fut bien ſur-pris à la veuë de la bonne Sœur, qui n'avoit rien autre choſe à luy dire, que de remettre le Bonnet quarré entre les mains du Pere de Raucourt. Ce demi Cuiſtre rebattu par tant de viſi-te qui ne luy plaiſoient pas, s'empor-ta de colere, & dit que ce Bonnet là ſe promenoit trop ſouvent, & qu'il le mettroit en la diſpoſition d'un homme qu'il luy feroit faire un peu de retraite. La Touriere s'excuſant le mieux qui luy fut poſſible, ſe retira, & le Recteur qui attendoit un com-pagnon dans la Porterie, pour ſortir,

ayant

ayant entendu le Dialogue, appella le frere & voulut apprendre le sujet du differend, & pourquoy il traitoit ainsi rudement les personnes qui avoient à faire à ceux de la Maison. Celuy-cy se voyant chapitré de son Superieur, luy dit tout ce qu'il pensoit de ce Bonnet, l'asseura qu'il avoit déja fait prés de vingt tours & retours du College au Monastere, que sans doute il y avoit quelque dessein caché dans ces manieres, & que s'il plaisoit à sa Reverence, il visiteroit cette piece, qu'il disoit de contrebande ; ce qu'il fit à l'instant, & d'un coup de ciseau, il fit voir le jour au quinziéme *Enfant du Bonnet quaré* qui venoit en droite ligne de la Sœur Virginie.

Agnés. Oh Dieu qu'une personné à de peine à se sauver, quand un mauvais Destin la poursuit, & qu'il a juré sa perte ! qu'arriva-t-il de tout cela ?

Angelique. Il est arrivé que le Pere a été confiné dans une autre
Pro-

Province, & que la pauvre Virginie a
été mortifiée de quelques penitences,
& c'eſt de là qu'eſt venu le proverbe *qu'il y a bien de la malice ſous le*
Bonnet quarré d'un Jeſuite.

Agnés. Ah Dieu c'étoit pour elle ſeule que j'apprehendois, mais dis
moy comment cela vint à la connoiſſance de la Prieure?

Angelique. Je ſerois trop long-
temps, à t'entretenir de la même choſe; dans la premiere converſation
qui ſuccedera à ma retraite, je t'en
diray davantage ſur ce ſujet, je te
feray voir deux Enfans du Bonnet
quarré, & t'apprendray le ſort de leur
pere & mere. Penſe ſeulement à preſent, ma plus chere, que je vais paſſer huit ou dix jours bien triſtement,
puis qu'il me ſera defendu d'avoir la
moindre conference avec toy. Je vais
écrire à trois des mes bons amis afin
qu'ils te faſſent viſite pendant ce
temps; il y a un Abbé, un Feüillant,
& un Capucin.

Agnés. Oh Dieu quelle bigareure!
&

& que voulez-vous que je fasse avec tous ces gens-là, que je ne connois point ?

Angelique. Tu n'as qu'à être obeïssante, ils t'apprendront assez ce qui sera de ton devoir pour les satisfaire & pour te contenter. Tien voici un livre que je te prête, fais en un bon usage, il t'instruira de beaucoup de choses, & donnera à ton esprit toute la quietude que tu peux souhaiter. Baise-moy, ma chere enfant, pour tout le temps que je seray sans te voir. Ah que je passerois ma retraite avec bien du plaisir, si le Directeur que j'auray étoit aussi aimable & aussi docile que toy ! Adieu mon cœur habille-toy, tiens secrettes toutes nos amitiez, & te prepare à me faire le recit de tous tes divertissemens, lors que je seray sortie de mes exercices.

Fin du Premier Entretien.

VENUS

VENUS
DANS LE CLOITRE,
OU LA
RELIGIEUSE
EN CHEMISE.
SECOND ENTRETIEN.

Sœur *Angelique*. Sœur *Agnés*.

Angelique. AH Dieu soit loüé, je
commence à respirer
jamais je n'ay été plus accablée de de-
votions, de mysteres, & d'Indulgences, que depuis que je t'ay quittée:
ah que je suis rebutée de toutes ces
superstitions. Comment te portes-
tu? tu ne me dis rien, qu'as tu à rire?

Agnés. Je suis toute honteuse de
paroître devant vous, je m'imagine
que vous sçavez déja jusques aux

.D   moin-

moindres particularitez toút de ce qui s'eſt dit, & paſſé dans vôtre abſence.

Angelique. Et de qui aurois-je pû l'apprendre ? tu te raille bien de moy, vien-t-en dans ma chambre, & ſonge par où tu commenceras à m'en faire un fidele recit. Pour moy je ſors d'entre les mains d'un ſauvage qui auroit mis au deſeſpoir un eſprit autrement tourné que le mien, je veux dire de mon Directeur, c'eſt l'homme le plus bouru, & le plus ignorant de ſon caractere. Je croy qu'il m'a fait gagner tous les Indulgences, & les Pardons qui ont jamais été accordez par les Papes, depuis Gregoire le Grand, juſques à Innocent XI. ſi je l'avois crû je me ſerois miſe le corps en ſang par les diſciplines qu'il ma ordonnées, ce n'eſt pas que je luy aye fait montre de beaucoup de malice dans les Confeſſions qu'il a entenduës de moy mais c'eſt parce qu'il s'imagine que pour être dans le chemin de Paradis il faut être auſſi ſec, auſſi maigre, & auſſi décharné que luy, &
que

que c'eſt aſſez que d'être un peu agreable, & d'avoir de l'enbonpoint pour meriter toutes ſortes de penitences. Jugé par la comme j'ay paſſé mon temps, & ſi je n'ay pas eu ſujet de m'ennuyer ?

Agnés. Pour moy je te diray que tu m'as donné des Directeurs qui ne m'ont gueres moins fatiguée que le tien, je ne ſçay pas ſi j'ay gagné avec eux des Indulgences, mais je ſuis certaine que pour les gagner beaucoup de perſonnes n'en font pas tant que nous en avons fait.

Angelique. Je n'en doute point. Mais dis-moy un peu des nouvelles de nôtre Abbé, & m'apprend s'il eſt capable de quelque choſe.

Agnés. Ce fut luy que je vis le premier, & en qui j'ay trouvé plus de feu, il n'y a rien de plus vif & de plus animé, & il y a plaiſir à l'entendre diſcourir. J'étois à la recreation d'aprés le dîner lors qu'on vint m'avertir qu'il me demandoit. Comme je ſçavois que Madame étoit indiſpo-

 ſée,

fée, je luy fis dire par la Portiere qu'il allât au grand parloir, & qu'il ne s'impatientât pas. Je le fis bien attendre un bon quart d'heure, parce que je changeay de voile & de guimpe, afin de paroître devant luy un peu proprement, & de tâcher à répondre à l'esperance qu'il avoit, de voir une personne dont on luy avoit fait le portrait si avantageusement A son abord je fis semblant de paroître un peu interdité, répondant fort serieusement aux civilitez qu'il me faisoit, mais cela ne le démonta point ; au contraire il prit de là occasion de me dire, fort hardiment, qu'il sçavoit qu'il étoit permis aux belles de parler d'un certain air indifferent, qui seroit mal seant à d'autres, mais qu'il avoit lieu d'esperer que se presentant à la faveur de ma meilleure amie sa visite ne pourroit m'être qu'agreable

Angelique. Il passe pour avoir de l'esprit, & on peut dire que ses grands voyagez accompagnez de beaucoup d'experiences, ont ajoûté à ses avantages

tages naturels toute la perfection qui luy manquoit.

Agnés. Je ne sçay point ce que tu luy as dit de moy, mais je trouve qu'il s'avançoit beaucoup pour une premiere visite ; il tourna la conversation sur l'austerité des Maisons Religieuses, & tâcha à me persuader par une infinité de raisons, de ne point suivre le zele indiscret de la plûpart, traitant de ridicules toutes celles qui mettoient sottement en usage toutes sortes de mortifications. Il me fit rire par le recit naïf de ce qui luy étoit arrivé en Italie avec une Religieuse de S. Benoît, de l'adresse dont il se servit pour la voir aussi souvent qu'il souhaitoit, & comme enfin il en reçût les faveurs qui devoient être le fruit de ses assiduitez. Il m'asseura que devant cette habitude il avoit toûjours crû qu'il n'y avoit que chez les Religieuses que la chasteté refugiée se conservoit, & qu'il s'étoit toûjours persuadé que ces ames recluses vivoient dans une continence aussi par-

D 3

faite

faite que celle des Anges mais qu'il avoit bien reconnu le contraire, & que comme rien de parfait ne se gâte mediocrement ; & qu'une chose conserve dans sa corruption le même degré qu'elle avoit en sa bonté, il avoit remarqué qu'il n'y avoit rien de plus dissolu que toutes les Recluses & bigottes lors qu'elles trouvoient l'occasion de se divertir. Il me montra un certain instrument de Vers qu'il avoit reçû de celle dont je t'ay parlé, & m'asseura qu'il avoit apris d'elle qu'il y en avoit plus de cinquante de la sorte dans leur maison, & que toutes depuis l'Abbesse jusques à la derniere professe, le manioient plus souvent que leur chapelets.

Angelique. Voilà qui est bien, mais tu ne me dis rien pour ce qui te regarde?

Agnés. Que veux tu que je te die? C'est l'homme du monde le plus Badin, à la seconde visite qu'il me fit je ne pûs me dispenser de luy accorder quelque grace, il opposa à toutes
mes

mes raiſons une morale ſi forte, & ſi artificieuſe qn'il rendit tout mes efforts inutiles, il me fit voir trois lettre de nôtre Abbeſſe, qui m'aſſuroient que quelque choſe que je fiſſe, je ne pouvois marcher que ſur ſes pas. Elle a paſſé des nuits entieres avec luy, & ne le traite dans ſes billets que d'Abbé de Beau-lieu: je luy repreſentay que la grille étoit un obſtacle inſurmontable, & qu'il falloit de neceſſité qu'il ſe contentât de legeres badineries, puis qu'il étoit impoſſible d'aller plus avant. Mais il me fit bien connoître qu'il étoit plus ſçavant que moy, & me fit voir deux planches qui ſe levoient, une de ſon côté, & l'autre du mien, & qui donnoient paſſage ſuffiſant pour une perſonne: il me dit que c'étoit par ſon conſeil que Madame avoit fait diſpoſer cela de la ſorte, qu'elle l'avoit nommé *le Détroit de Gibraltar*, & qu'elle luy diſoit un jour, qu'il ne falloit pas s'hazarder de le paſſer, ſans être bien muni de toutes les

cho-

chofes neceffaires particulierement
fi on avoit deffein de s'arrêter aux
Colomnes d'Hercule, Aprés donc
plufieurs conteftes de part & d'autre, l'Abbé paffa le Détroit, &
arriva au port où il fut reçû, mais
ce ne fut pas fans peine, & feulement
aprés qu'il m'eut affurée, que fon
entrée n'auroit point de mauvaifes
fuittes ; je luy permis autant de fe-
jour qu'il en falloit pour le rendre
heureux, c'étoit le feptiéme du mois
d'Août, qui étoit un jour que Madame avoit coûtume d'employer
dans des grandes ceremonies, mais
que fon indifpofition l'avoit obligée
à remettre jufques au mois prochain
ce qu'elle obfervoit ordinairement
dans celuy-cy. Il me dit qu'elle
avoit créé la feconde année qu'elle
fut Abbeffe un ordre de Cheval-
lerie, qui n'étoit compofé que de
Prêtres, de Moines, d'Abbez, de
Religieux, & de perfonnes Ec-
clefiaftiques. Que ceux qui y
étoient admis, faifoient ferment de
gârder

garder le secret de l'Ordre & s'appel-
loient *les Chevaliers de la Grille* ou
de St. Laurent, que le Collier qui
leur étoit donné le jour de leur re-
ception étoit composé des chiffres de
Madame entre laffez dans des lacs
d'amour, & qu'au bas pendoit une
Medaille d'or reprefentant le Pa-
tron de l'Ordre couché tout nû fur
une grille, au milieu des flâmes avec
ces paroles, *Ardorem Craticula fovet*,
c'eft à dire, *La Grille augmente mes
feux.* Il me montra le Collier qu'il
avoit reçû, & aprés quelques pre-
fens qu'il me fit de livres curieux,
nous nous feparâmes l'un & l'autre
jufques à une nouvelle entrevûë.

Angelique. Tu ne m'as rien apris
de nouveau, touchant l'Ordre établi par Madame; Mr. l'Evêque de
** en eft le premier Chevalier,
l'Abbé de Beaumont le fecond,
l'Abbé Du Prat le troifiéme, le
Prieur de Pompiere, le quatriéme;
voilà les principaux, & les premiers
en datte; ils font fuivis de Jefuites,

D 5

de

de Jacobins, Augustins, Carmes, Feüillants, Peres de l'Oratoire, & du Provincial des Cordeliers. Tellement qu'à la derniere promotion qui se fit l'an passé, le nombre étoit de vingt-deux. Mais il est à remarquer qu'il y a beaucoup de difference entre eux, & qu'ils ne peuvent joüir tous de pareils privileges ; il y en a qui s'appellent *les Cordons Bleus* & ce sont ceux qui sont tout puissans, qui ont le secret de l'Ordre, & qui disposent des affaires de Madame, comme Madame conduit les leurs Pour ce qui est des autres, leur pouvoir est limité, il a des bornes qu'ils ne peuvent pas passer. Et il n'ont gueres plus d'avantage que les aspirants, jusques à ce que par leur zele, leur prudence, & leur discretion, ils se soient rendus dignes d'être de la grande profession De tous les Moines, les seuls Capucins en sont exclus, parce que cette barbe qui les déguisent tant, les a rendus odieux à nôtre Abbesse, qui dit qu'elle ne

peut

peut s'imaginer qu'une perſonne du ſexe, puiſſe vouloir du bien á ces Satires. Mais à propos dis-moy des nouvelles du Pere Vital de Charenton?

Agnés. Je n'aurois jamais crû auſſi bien que Madame, qu'un Capucin eût été capable d'une galanterie, ſi celuy-là ne m'en eût perſuadé par ſa conduite. Il me vint voir trois jours aprés nôtre Abbé, nous allâmes dans le Parloir de S. Auguſtin, & ce fut-là où il me debita plus de fleurettes, que je n'en aurois pû attendre d'un Courtiſan de profeſſion, il parla au reſte ſi hardiment que j'avois honte d'entendre ſortir de la bonche d'un homme dont l'habit & la barbe ne prêchoient que la penitence, des paroles au commencement peu libres, mal dans la fin les plus diſſoluës que le plus grand débauche puiſſe mettre en uſage. Je ne pûs m'empêcher de luy en marquer mon étonnement & de luy faire connoître

D 6

qu'il

qu'il y avoit de l'excés dans ſes tranſports. Ce qui fit qu'il y apporta un
peu de moderation. Il m'a rendu
trois viſites, pendant ta retraite, &
à la derniere il obtint peu de choſe de moy, parce que le Parloir où
nous étions, n'avoit pas les commo-
ditez de l'autre. Je te diray ſeulement qu'il m'apprêta bien de quoy
rire, en ce qu'ayant par ſes efforts
ébranlé une barre de fer de la grille
le, & croyant s'être fait un chemin
aſſez large pour y paſſer, il s'y ha-
zarda malgré moy, mais il n'en pût
venir à bout, d'autant qu'ayant paſſé la teſte & une des épaules avec
bien de la difficulté ; ſon Capuchon
s'accrocha à une des pointes du dehors, tellement qu'il avoit beau ſe
remuër, il ne pouvoit ſe débaraſſer
de ce piege. Je ne pouvois le con-
templer dans cette poſture ſans éclater de rire, je le fis promptement
repaſſer de ſon côté, & luy fit remettre la grille dans ſon premier
état. Il me donna trois ou quatres
livres

lives dont il m'avoit parlé dans sa premiere visite, & se retira mal satisfait de son avanture.

Angelique. Je suis fachée de ce desordre, car sans doute cela l'aura rebute.

Agnés. Rebuté bon Dieu! vrayment c'est bien un homme à se rebuter, il n'y a rien de plus effronté que luy, oh qu'il sera icy devant la fin de la semaine, il m'a promis le *Recueil des Amours secretes de Robert d'Abrissel,* il m'en commença l'histoire, mais je la croy fausse, & controuvée à plaisir.

Angelique. Tu te trompe, il n'y a rien de plus veritable, & plusieurs graves 'Auteurs écrivent qu'il avoit coûtume de coucher avec ses Religieuses afin de les éprouver, & de remarquer en même temps dans sa personne, jusques où pouvoient aller les forces de la vertu, qui combat les tentations de la Chair, il croyoit beaucoup meriter par là; & c'est ce qui a donné lieu à Godefroy de

 Van-

Vandôme, de traiter cette devotion de plaisante & de ridicule, dans une lettre qu'il écrit à S. Bernard, & d'appeller cette ferveur, un nouveau genre de martyre: cela a empêché jusques à present que cet homme n'ait été mis au rang des Saints par la Cour de Rome, on le traite neanmoins de Bien-heureux.

Agnés. il faut avoüer qu'il y a bien des abus qui se pratiquent dans nôtre Religion, & je ne suis plus surprise de ce que tant de peuples s'en font separez, pour s'attacher litteralement aux Ecritures. Le Pere Feuillant que je vis pendant ta retraite me fit remarquer visiblement, tous les endroits défectueux du gouvernement present, pour ce qui regarde la Religion: C'est un homme qui pour sa jeunesse (car il n'a que vingt-six ans) possede toutes les sciences qui peuvent rendre une personne accomplie, de quelque caractere qu'elle soit: il parle universellement de toutes choses, mais avec un air dégagé

gagé & qui n'a rien de pedantesque.

Angelique. Je voy bien qu'il te plût, il est bien fait & beau garçon, pour moy je ne l'appellois que mon *Grand Blanc*, en quel Parloir le vis-tu?

Agnés. Je l'ay vu deux fois, la premiere ce fut dans le Parloir de S. Joseph, & la derniere dans celuy de Madame.

Angelique. Bon bon, c'est à dire qu'il passa *le Détroit*? il le meritay bien, & il y a plaisir à luy voir faire son personnage.

Agnés. Il me donna deux petites phioles d'essences qui ont une odeur merveilleuse, il étoit parfumé depuis les pieds jusques à la tête, & avec un vermeil si animé, que je le soupçonnay d'abord de s'être servi du petit Pot, mais je reconnus le contraire dans la suite, & vis que le rouge ne procedoit que de l'ardeur de sa passion, & de ce qu'il avoit le poil fraîchement fait. Son entretien & ses badineries me plûrent infiniment,

&

& je n'ûs pas de peine à luy accorder le passage que j'avois tant disputé à nôtre Abbé. Je luy representay seulement, qu'il y avoit sujet de craindre que les sottises que nous faisions tous deux, ne fussent suivies d'un troisiéme : je vous entens, reprit-il, il tira en même temps un petit livre de sa poche qu'il me donna, il avoit pour titre, *Remedes doux & faciles, cantre l'Embonpoint dangereux* il me dit, qu'il m'apprendroit ce que j'aurois à faire dans une pareille occasion, ii me mit dans la bouche un morceau de conserve, que je ne trouvé point de mauvais goût, je ne sçay pas si elle renfermoit quelque vertu secrete, mais aussi-tôt il se mit en état d'arriver aux colomnes d'Hercule.

Angelique. C'est à dire que le Grand Blanc gagna ton cœur ?

Agnés. Assurement qu'il le partagea avec l'Abbé, je ne puis te dire à qui je pourrois donner la preference : une seule chose me choqua dans le Feüillant, c'est que luy ayant vû au

col

col un Reliquaire de vermeil dorée,
qu'il portoit fur fon cœur, j'eus la
curiofité de l'ouvrir, mais je fus bien
furprife de ne trouver rien autre chofe que des Cheveux, & du poil de differentes couleurs, divifez dans des
compartimens figurez & tres-bien
faits. Il m'avoüa que c'étoit-là des
faveurs de toutes fes Maîtreffes, & me
pria de favorifer auffi fa devotion, &
que le plus bel endroit ferviroit à pla-
cer ce que je luy ferois la grace de luy
accorder ! que veux-tu, je le fatisfis?
J'oubliois à te dire qu'il y avoit en ca-
racteres d'or, cette infcription au milieu d'un criftal qui couvroit toute cette belle marchandife, *Reliques de
Sainte Barbe.* Sur le deffus du Reliquaire, on voyoit gravé un Cupidon
dans un Trône, & le Quidam pro-
fterné à fes pieds, avec ces paroles que
j'ay bien retenuës quoy qu'elles foient
latines, AVE LEX, JUS, AMOR.
Je le blâmay de cette irreverence, que
je traitay d'impieté, mais il ne fit que
s'en rire, & dit qu'il ne pouvoit refu-
fer

fer ces cultes, à celles qui meritoient toutes fortes d'adorations ; & que fi je fçavois déchifrer fept autres lettres qui étoient de l'autre côté, je ferois bien plus d'exclamations. En effet, ayant regardé, je vis les fept lettres fuivantes, A. C. D. E. D. L. G. il ne voulut jamais m'en donner l'intelligence, quelque inftance que je puiffe faire, je fis femblant d'en être fâchée, mais il s'apperçût bien que je ne luy voulois pas grand mal, c'eft pourquoy il m'embraffa de nouveau, & nous prîmes congé l'un de l'autre.

Angelique. Je fuis ravie ma chere enfant que toutes chofes foient allez felon mes fouhaits, ce n'eft qu'un échantillon de ce que je veux faire pour toy Et je te ménageray la connoiffance d'un Jefuite, à qui fans doute tu donneras le prix, & tu avoüeras qu'il aura emporté l'avantage fut tous les autres. Mais il eft jaloux de fes habitudes jufques à l'excés, c'eft l'unique defaut que tu pourras

trou-

trouver en luy, au reste, bel homme, galant, beau parleur, & qui n'ignore rien de ce qui peut venir à la connoissance d'une personne.

Agnés. Cette imperfection est assez grande, pour que je ne puisse pas m'accommoder avec luy.

Angelique. Eh pourquoy? tu auras bien de la peine à trouver un homme qui aime veritablement, & qui ne soit pas jaloux. Je me souviens d'avoir connu un Benedictin, qui croyoit que toutes les Religieuses de saint Benoît, ne pouvoient en voir d'un autre Ordre sans injustice, & qu'elles déroboient à luy & à ses Confreres, toutes les faveurs qu'elles accordoient aux Capucins; & voicy comme il raisonnoit On ne peut pas douter que les hommes qui sont en Religion ne soient sujets aux mêmes passions & mouvemens, que ceux qui sont dans le Monde. C'est dans cette vûë, disoit il, que les Fondateurs des Ordres, qui étoient fort éclairez, n'on point élevé des Cloître

tre pour ceux de leur sexe, qu'ils n'en ayent en même temps bâti pour les filles, afin que sans avoir recours aux étrangers, ils pussent les uns & les autres se soulager de temps en temps, de la rigueur de leurs vœux. Dans les commencemens cela se pra-tiquoit selon l'intention des Institu-teurs, ce qui faisoit qu'il n'y avoit aucun scandale, mais à present ces lieux se sentent de la corruption ge-nerale, on voit sans peine le Ber-nardin avec la Jacobine, le Cordelier avec la Benedictine, & ce cette con-fusion horrible, il ne peut naître que des Monstres.

Agnés. Cette pensée étoit assez plaisante.

Angelique. Helas ! s'écrioit-il, que diroient tous cet Saints Fonda-teurs à la veuë de tant d'adulteres, s'ils revenoient sur la terre ? que de foudres, que d'anathemes ils fulmi-neroient contre leurs propres En-fans ! Saint François ne renvoyeroit-il pas les Capucins, aux Capucines,

les

les Cordeliers, aux Cordelieres : saint Dominique, saint Bernard, & tous les autres ne remettroient-ils pas tous ces dévoyez dans le premier chemin de leurs Regles, & de leurs conſtitutions. C'eſt à dire les Jacobins, aux Jacobines, les Feüillants aux Feüillantines. Mais que deviendroient les Jeſuites, & les Chartreux, luy dis-je, car saint Ignace, ni saint Bruno n'ont point dreſſé de Regles pour le ſexe. Oh que cet Eſpagnol, reprit-il, y a bien pourvû, il a fait cela exprés, afin qu'il euſſent lieu d'aller impunement par tout ; outre que ſuivant ſa fantaſie qui étoit un peu Pederaſte, il les a mis dans des emplois, où ils trouvent parmi la jeuneſſe des momens de ſatisfaction qu'ils preferent à tous les divertiſſemens des autres.

Pour les Charteux, continua t il, comme la retraite leur eſt étroitement ordonnée, ils cherchent dans eux mêmes, le plaiſir qu'ils ne peuvent pas aller prendre chez les autres,

tres, & par une guerre vive & animée, ils viennent à bout des plus rudes tentations de la Chair. Ils reïte-
rent le combat tant que leur ennemi
leur fait de la refiftance, ils y employent toute leur vigueur & nom-
ment ces fortes d'expeditions, *La*
Guerre de cinq contre Un. Eh bien le
Difciple de faint Benoît ne parloit-
il pas fçavamment ?

Agnés. Affuerement, j'aurois pris
plaifir à l'entendre.

Angelique. Il n'y a rien de plus
certain, que fi cela fe pratiquoit, &
que fi dans le defordre même, on
fuivoit quelque reglement, que tout
en iroit mieux. Il y a un an qu'une
jeune Religieufe n'auroit pas été fi
mal-heureufe comme elle a été depuis, fi elle eût fait avec le Provincial de fon Ordre, ce qu'elle fit avec
celuy d'un autre. Tu as peut-être entendu parler de la Sœur Cecile, &
du Pere Raymond ?

Agnés. Non, apprend moy ce que
tu en fçais ?

An-

Angelique. La Sœur Cecile eſt une Religieuſe de l'Ordre de ſaint Auguſtin, & le Pere Raymond étoit pour lors Provincial des Jacobins, je ne te diray point de quelle maniere il s'inſinua dans l'eſprit de cette innocente, qui avoit été inacceſſible à tout autre auparavant; mais tu ſçauras ſeulement qu'il ſe l'aquit tellement, que jamais amitié n'a été plus étroite, & ils ne pouvoient être un moment ſans ſe voir, ou ſans recevoir des nouvelles l'un de l'autre. On s'apperçût dans la Communauté de cet engagement, & le Provincial Auguſtin, qui gouvernoit cette maiſon, en ayant eu avis, fut au deſeſpoir, parce que jamais il n'avoit pû rien faire auprés d'elle, quoy qu'il eût tâché par toutes ſortes de moyens de la corrompre. C'étoit la plus belle de ce Monaſtere. Etant ainſi choqué au vif, il écrivit à la Superieure, & luy donna ordre d'avoir les yeux ſur les comportemens de Cecile: il fut facile à cette gardienne de décou-

découvrir bien-tôt quelques sottises, parce que personne ne ce tenoit sur ses gardes, ce n'étoit neanmoins que des badineris, mais ç'en étoit toûjours assez pour donner lieu à un jaloux, qui avoit le pouvoir en main, de mal-traiter une pauvre Religieuse. Il n'en forma pourtant pas le dessein, mais se proposa de se servir de cette occasion, pour avoir d'elle, ce qu'il n'en avoit pû obtenir auparavant. Il luy écrivit à elle-même afin de ne point éclater, & luy défendit la grille jusques à son rrivée, il étoit éloigné de vingt lieuës.

Agnés. Mais pouvoit-on produire des preuves contre elle, qu'elle eut fait quelque chose de notable?

Angelique. Oh qn'on sçait bien le moyen den trouver, n'en fut-il point, quand on a dessein de perdre une personne. Mais tout le mal ne vint que de ce qu'elle fut mal conseillée. Le Provincial étant donc arrivé, luy dit que c'étoit sur les informations qu'il avoit euës de sa mauvaise

se conduite, qu'il s'étoit transporté sur les lieux, que c'étoit une chose honteuse, qu'une jeune Religieuse comme elle, s'abandonnât à des actions qui ne pouvoient être nommées pour leur infamie, & qu'il avoit bien du déplaisir de se voir obligé à en faire une punition exemplaire. Cecile qui n'étoit coupable devant les hommes, que de quelques badineries, comme regards & attouchemens, dit qu'il étoit vray qu'elle avoit vû fort souvent le Pere Raymond dont on lui parloit, mais qu'elle sçavoit aussi qu'elle n'avoit rien fait avec luy, qui meritàt une notable reprehension ; qu'elle luy avoit donné son congé, aussi-tôt qu'elle en avoit reçû les ordres, & qu'elle avoit fait voir par là qu'il n'y avoit rien de fort étroit dans cet engagement. Le Provincial pour arriver à son but, changeant de discours, luy parla dans des termes plus doux qu'auparavant, & luy representa que si il luy arrivoit quelque mortification elle en seroit elle-même la

E   cause,

cauſe, qu'elle pouvoit remedier au deſordre qu'elle avoit cauſé, & qu'il luy étoit très-facile de ſe parer des corrections rigoureuſes qui ne pouvoient luy manquer, ſi elle ne ſe ſervoit des avantages qu'elle poſſedoit. Il la prit en même temps par la main, qu'il luy ſerra amoureuſement, en la regardant avec un ſoûris qui devoit lui faire connoître la diſpoſition du cœur de ſon Juge.

Agnés. Ne ſe ſervit-elle pas de ce qu'elle pouvoit avoir d'engageant, pour ſe tirer du danger où elle étoit?

Angelique. Non, elle prit une conduite toute oppoſée à celle qu'elle devoit ſuivre, elle s'imagina que c'étoit pour l'éprouver, que ſon Provincial luy parloit de la ſorte, & qu'il n'avoit point d'autre deſſein, que de juger par ſa foibleſſe, de ce qu'elle avoit été capable de faire avec l'autre. Sur ce mauvais fondement, elle ne répondit à celuy qui brûloit d'amour pour elle, que par des froideurs & des paroles plus qu'indifferentes, qui

chan-

changèrent le cœur de ce paſſionné, & qui d'un tendre amant en firent un Juge implacable. Il proceda donc ſelon les formes, à l'inſtruction du Procés de Cecile, il reçût les dé-poſitions que la jalouſie, & la flat-terie mirent dans la bouche de plu-ſieurs de ſes Compagnes, & condam-na cette pauvre enfant à être foüete tée juſques au ſang, à jeûner dix Ven-dredis au pain & à l'eau, & à être excluſe du Parloir pendant ſix mois : tellement qu'on peut dire, qu'elle fut punie pour avoir été trop ſage, & pour ne s'être pas laiſſée corrom-pre à la brutalité de ſon Superieur.

Agnés. Oh Dieu que cela me touche ! je regarde cette pauvre Re-ligieuſe comme une innocente vi-ctime, immolée à la rage d'un fu-rieux, & je ne fais point de difference entre elle, & les onze mille Vierges.

Angelique. Tu as raiſon, car on dit, que celles-cy furent égorgées pour n'avoir pas voulu ſatisfaire la paſſion d'un homme, & celle-là n'a

été

été outragée que par la même raison, Comme il n'y a point d'animal
au monde plus luxurieux qu'un Moine, il n'en est point aussi de plus
malin & de plus vindicatif lors qu'on
méprise son ardeur. J'ay lû sur ce
sujet une Histoire d'un maudit Capucin, dans un livre qui avoit pour
titre *le Bouc en chaleur*. Mais à propos
dis-moy un peu quels sont les livres
que tu as reçûs pendant ma retraite?
je prétens bien en avoir la lecture?

Agnés. Tres-volontiers, il y en a d'affez plaisans, en voici le Catalogue.

La Chasteté Feconde, Nouvelle
Curieuse.

Le Passe-par-tout des Jesuites,
Piece Galante.

La Prison Eclairée, ou *l'Ouverture dn petit Guichet*, le tout en Fi-
gures.

Le Journalier des Feüillantines.

*Les Proüesses des Chevaliers de
S. Laurent*.

*Regles & Statuts de l'Aabaye
de Cougne-au fonds*.

Re-

Recueil des Remedes contre l'Embonpoint Dangereux. Compofé pour la commodité des Dames Religieufes de S. George.

L'Extrême - Onction de la Virginité Mourante.

L'Orvietan Apoftolique compofé par les quatre Mendians, *ex præcepto Sanctiffimi.*

Le Coupe-Cû des Moines.

Le Paffe-temps des Abbez.

La Guerre des Chartreux.

Les Fruits de la Vie unitive, &c. Je croy fi je ne me trompe, que je n'en oublie aucun dans cette Lifte, j'ay déja fait la lecture de cinq ou fix, qui m'ont infiniment plû.

Angelique. Certes, ils t'ont fait prefent d'une Bibliotheque toute entiere. Si le dedans répond au dehors comme je n'en doute point, ces livres doivent être fort divertiffans. Tu as là dequoy perfectionner ton efprit, & te rendre telle que tn dois être, c'eft à dire, univerfelle en toutes fciences, car il en eft qui au milieu

de

de beaucoup de lumiere, conſer-
vent encore des doutes qui leur font
quelquefois de la peïne, & dont les
ſuites ſont ſouvent dengereuſes. Je
te veux dire une Hiſtoire ſur ce ſujet, qui eſt arrivée dans l'Abbaye de
Chelles.

Agnés. Il faut que vous ayez des
intrigues merveilleuſes, pour apprendre tout ce qui ſe paſſe de plus
ſecret dans tous les Monaſteres?

Angelique. Tu ſçauras, que l'Abbeſſe de cette Maiſon étant d'un naturel fort chaud, avoit coûtume de
prendre le Bain tous les Etez pendant quelques ſemaines. Il étoit
dreſſé ſelon l'ordonnance de ſon Medecin, qui pour le faire trouver
meilleur preſcrivoit une regle & une
methode particuliere à obſerver, ſans
laquelle il devoit être inutile. Il falloit le ſoir de la veille qu'on le devoit prendre, le preparer entierement, & laiſſer repoſer l'eau toute
la nuit juſques au lendemain, qu'on
pouvoit à ceraines heures ſe mettre
de-

dedans. Les odeurs, & les essences n'y étoient point épargnées, on les y repandoit avec profusion, & tout ce qui pouvoit flatter la sensualité de Madame entroit dans sa composition.

Agnés. Ce sont les Medecins, qui par une fausse complaisance entretiennent ainsi le foible des personnes.

Angelique. Quoy qu'il en soit, une jeune Religieuse de la Maison apellée Sœur Scolastique, & de l'âge de dix-huit ans. Voyant tous ces grands preparatifs pour Madame, & s'appercevant que le bain étoit en état dés le soir, forma le dessein, tant pour le soulager de l'incommodité de la saison, que de sa chaleur interieure qui n'étoit pas mediocre de se servir de l'occasion, & de faire tous les soirs l'épreuve de ce salutaire *Lavabo.* En effet elle n'y manqua pas pendant huit jours, & trouva que cela donnoit du lustre à son embonpoint, & qu'elle en reposoit

E 4

mieux,

mieux. Elle fortoit de fa chambre fur les neuf heures, & prefque nuë en chemife, s'en alloit dans le lieu où tout étoit difposé; elle fe défaifoit bien-tôt de fa juppe & de fa chemife, & ainfi toute nuë fe met- toit dans la Cuve, où elle fe net- toyoit & fe frottoit de tous côtez, d'ou elle fortoit aprés auffi nette, auffi pure, & auffi belle qu'étoit Eve dans le Paradis Terreftre durant l'é- tat de fon innocence.

Agnés. Ne fut-elle point décou- verte?

Angelique. Tu l'apprendras pre- fentement. Un foir que Scolaftique fe rafaîchiffoit à l'ordinaire, une An- cienne qui n'étoit pas encore endor- mie, ayant entendu marcher dans le Dortoir, à une heure que felon la coûtume, toutes les Religieufes de- voient être retirées, fortit de fa chambre, & après avoir cherché inutilement la perfonne qu'elle avoit entenduë; elle entra dans le lieu où l'on prenoit le Bain, où elle

y

y apperçût auffi-tôt, au clair de la
Lune, une Religieufe toute nuë,
qui s'effuyoit avec une ferviette étant
prête de reprendre fa chemife. La
bonne Vieille penfant que c'étoit
l'Abbeffe, fe retira promptement
en demandant excufe de s'être ainfi
avancée. Scolaftique qui ne répondit rien, connut bien que cette bonne Mere s'étoit trompée, & l'avoit
prife pour une autre. Elle s'en alla,
aprés avoir donné le temps à l'autre
de fe retirer, & ne penfa plus à y
revenir une autrefois, de crainte
d'être découverte.

Agnés. Eft-ce là où tout fe ter-
mina ?

Angelique. Non. Les Feffes de la
pauvre Scolaftique en auroient été
bien-aifes.

Agnés. Comment ? cette belle Enfant reçût-elle quelque déplaifir ?

Angelique. La Venerable Mere
dont je t'ay parlé, ayant refléchy le
matin fur ce qu'elle avoit vû le foir
precedent, crut qu'il étoit à propos

E 5

d'aller

d'aller trouver Madame, & de luy faire des excuſes particulieres de ce rencontre, qu'elle auroit pû attribuer à une mauvaiſe curioſité. Ce qu'elle fit malheureuſement. Cela ſurprit tous à fait l'Abbeſſe, & luy fit croire, qu'elle n'avoit eu que les reſtes & les égouts de quelques infirmes de ſa Communauté, elle en parla le lendemain dans ſon Chapitre, & commanda en vertu de *Sainte Obedience* à celle qui s'étoit miſe dans le bain de le declarer. Mais pas une de la compagnie ne parla, Scolaſtique n'étoit pas des plus ſcrupuleuſes & avoit de l'eſprit, c'eſt pourquoy elle ſe tût. Ce ſilence general mit l'Abbeſſe au deſeſpoir elle crie, elle fulmine, elle menace tout le monde, mais inutilement. Enfin par le conſeil d'un Moine, elle pratiqna un plaiſant ſtratageme. Elle fit aſſembler toutes ſes Religieuſes, & leur repreſenta qu'il y en avoit une d'entre elles, excommuniée, & dans l'état de damnation, pour n'avoir pas
relevé

revelé ce qui luy avoit été comman-
dé de dire, *en vertu de Sainte Obedience.* Qu'un faint & fçavant homme, luy avoit donné un moyen fûr
& infaillible, de la découvrir, mais
qu'elle luy permettoit encore de parler, & d'éviter par ce moyen, les
rudes penitences qu'elle s'attireroit
par fa defobeïffance formelle.

Angelique, Oh Dieu ! que dans cet
embarras, je crains pour la pauvre
Scolaftique, car tous les confeils des
Moines font toûjours pernicieux.

Angelique. Madame, voyant que
cette derniere contrainte avoir été
fans effet, elle fuivit l'avois qui luy
avois été donne. Elle fit parer une
table dans une chambre, d'un drap
Mortuaire, elle fit mettre au milieu un Calice de la Sacriftie. Cela
étant ainfi difpofé, elle commanda à
toutes fes Filles d'entrer l'une aprés
l'autre dans ce lieu, & de toucher
avec la main le pied du Vafe facré
(c'eft ainfi qu'elle parloit) qui étoit
expofé fur la table, que par ce moyen
E 6
elle

elle connoîtroit celle qui s'étoit jusques-là tenuë cachée, parce qu'elle n'auroit pas plûtôt mis les doits sur cette Coupe sacrée, que la table tomberoit par terre, & découvriroit par une vertu secrette d'enhaut, celle qni seroit la coupable. Cela se fit sur les neuf heures du soir & dans l'obscurité, elles entrerent donc toutes dans cette chambre & toucherent le pied du Calice avec la main. Scolastique fut l'unique qui n'osa le faire de crainte d'être decelée & toucha seulement le tapis. Aprés quoy elle se retira avec les autres dans une seconde chambre qui étoit aussi sans lumiere, d'où l'Abbesse les fit venir à soy l'une aprés l'autre, quand toute la ceremonie fut faite. Or il est à remarquer qu'elle avoit noircy le pied du Calice avec de l'huile & du noir de fumée, tellement qu'il étoit impossible d'y toucher sans en porter les marques, ayant donc allumé une chandelle, dans la chambre où elle étoit, elle considera les mains

de

de toutes ces Religieuses, & reconnut que toutes avoient touché la Coupe excepté Scalastique, qui n'avoit aucune noirceur aux doigts comme les autres de la Communauté : Cela luy fit juger que c'étoit elle qui avoit fait la faute. Cette pauvre innocente se voyant ainsi trompée par un faux artifice, eut recours aux larmes & aux excuses, & elle en fut quitte pour une couple de Disciplines, qu'elle reçût devant toute la compagnie. Eh bien ! ce fut seulement cet exterieur de Religion dont on se servoit avec impieté, qui luy fit peur, & si elle avoit fait un peu de reflexion sur l'impossibilité qu'il y avoit de la découvrir par un si ridicule artifice, elle ne l'auroit pas été.

Agnés. Il est vray ; mais l'Abbesse devoit pardonner à sa beauté, & à sa jeunesse.

Angelique. Elle le pouvoit, mais elle ne le fit pas, & même j'ay ouï dire, que la premiere discipline

qu'elle

qu'elle luy ordonna, dura prés d'un quart d'heure, juge de là en quel état pouvoient être les fesses de cette belle enfant?

Agnés. Elles étoient fans doute à peu prés comme les miennes, lors que je te les fis voir. S'il ne dépendoit que de moy, je condamnerois à de perpetuelles Galeres, le maudit Con-seiller de l'Abbeffe : & fi cela m'étoit ainfi arrivé, je drefferois tant d'em-bûches à ce Moine par le moyen de quelques amies du dehors, que je le ferois repentir de fon Stratageme.

Angelique. Crois-tu que fi il eût penfé que Scolaftique eût dû être châtiée pour cela, qu'il y au-roit fervy? Non, il s'imaginoit auffi bien que l'Abbeffe, que c'étoit quel-que vieille, ou quelque infirme qui avoit été furprife & c'eft ce qui faifoit mal au cœur de Madame, de s'être comme elle croyoit, lavée dans les ordures de telles perfonnes.

Agnés. Pour moy je croy qu'elle fut foulagée, quand elle connut que
c'étoit

c'étoit Scolaftique, qui s'étoit mife dans fon bain, parce qu'on ne fe dégoûte pas d'une jeune fille, propre & bien faite comme tu me l'arepresente. La penitence qu'elle reçût me fait penfer à celle de Virginie, & aux Enfans du Bonnet quarré du Jefuite.

Angelique. Il faut que je t'en faffe voir deux que j'ay dans ma caffette, il y en a un du Pere de Raucourt, & l'autre de Virginie, tien fais la lecture de celuy cy.

Agnés. Voicy quafi un caractere de fille, tout en paroit negligé.

Ah Dieu, ma chere Enfant, que ce commerce de lettres commence à m'ennuyer ! il ne fait qu'augmenter mes feux, & il ne les foulage aucunement, il m'apprend que Virginie me veut du bien, mais il me marque auffi-tôt qu'il m'eft impoffible d'en jouir. Ah que ce mêlange de douceur & d'amertume caufe d'étranges mouvemens dans un cœur fait comme le mien. J'avois bien ouï dire que l'Amour donnoit quelquefois de l'efprit à

ceux

ceux qui en étoient dépourvûs, mais je ressens chez moy un effet tout contraire & je puis dire avec verité qu'il m'ôte ce qu'il presente aux autres. Plusieurs s'apperçoivent de ce changement, mais ils en ignorent la cause. Je prêchay hier chez les Religieuses de la Visitation, jamais je n'ay été plus animé, je devois conformement à mon sujet entretenir la Compagnie de la Mortification & de la Penitence, & je n'ay parlé dans tout mon Discours que d'Affections que de Tendresses, que de saillies & de Transports. C'est vous, Virginie, qui causez tout ce desordre, prenez donc compassion de mon égarement, & travaillez à trouver promptement le moyen de me remettre dans mon bon sens. Adieu.

Angelique. Eh bien Agnés que dis-tu de cet Enfant fait à la hâte.

Agnés. Je le trouve digne de son Pere, & capable tout nû qu'il est d'habit & d'ornement, de se conserver non seulement un Cœur qu'il possépoſſede, mais même d'y exciter de nouveaux mouvemens.

Angelique. Tu as raiſon, car en Amour le ſtile le plus negligé eſt toûjours le plus perſuaſif, & ſouvent toute l'éloquence d'un Orateur, ne pourroit faire naître dans une ame ces doux tranſports, qui ne ſont que les effets d'un terme peu relevé, mais expreſif. C'eſt une verité dont je puis rendre témoignage, puiſque je l'ay éprouvé pluſieurs fois dans moy-même. Mais voyons un peu ſi Virginie s'exprime auſſi bien que ſon Amant.

Agnés. Donne - moy la lettre que j'en faſſe la lecture.

Angelique. Tien la voilà, c'eſt plûtôt un billet qu'une lettre, car le tout n'eſt compoſé que de cinq ou ſix lignes.

Agnés. Son caractere n'eſt gueres different du mien.

Ah que vous étes artificieux dans vos paroles, & que vous ſçavez bien troubler le peu de repos qui reſte à une
inno-

innocente qui vous aime ? pouvez-vous avec raison me demander si je pense en vous ? Helas, mon cher, consultez-vous vous-mêmes, & croyez que nous ne pouvons tous deux être animez d'une même passion, sans ressentir de pareilles atteintes. Adieu, songez à la rupture de nos chaînes, l'Amour me rend capable de toute entreprise. Ah qu'il me cause de foiblesse ! Adieu.

Angelique. N'est-il pas vray, que tu trouve ce billet bien plus tendre que la lettre ?

Agnés. Assurement. On peut dire qu'il est tout cœur, & que deux ou trois periodes expriment autant la disposition de l'ame d'une Amante, que le feroient deux pages d'un Roman. Mais je ne vois pas que ce soit une réponse à celle que nous avons leuë du Pere de Raucourt.

Angelique. Non, ce n'en est pas une, c'est celle d'une autre qu'on ne m'a pas envoyée.

Agnés. Le malheur de ces deux pauvres Amans me touche; sur tout

je

je porte une extreme compaſſion aux déplaiſirs de Virginie, car ſans doute elle paſſe le temps à preſent dans beaucoup de chagrin, & mene une vie bien ennuyeuſe.

Angelique. Si elle n'eût point conſervé les lettres & les billets qui lui étoient adreſſez, elle ne ſeroit pas ſi malheureuſe, car on n'auroit pas découvert le deſſein qu'elle avoit de ſortir du Monaſtere.

Agnés. C'eſt donc ſans doute de cela qu'elle parle, quand elle dit dans ſon billet *penſez à la rupture de nos chaînes*, je n'aurois pas donné le veritable ſens à ces paroles; Oh qu'elle auroit été malheureuſe, la pauvre Enfant, ſi elle eut fait cette méchante démarche! helas dequoy l'Amour n'eſt-il point capable, quand il ſe voit combattu?

Angelique. Si-tôt que le Recteur des Jeſuites eut appris ce qui ſe paſſoit, par la lettre qu'il trouva dans le Bonnet, il en donna avis à la Superieure, qui alla auſſi-tôt avec ſon Aſſiſtante

stante visiter la chambre de Virginie, où elle trouva dans sa cassette une infinité de Billets & d'autres bagatelles, qui luy firent connoître la verité de ce qu'elle n'auroit pû croire si elle ne l'avoit vû, Comme elle aimoit beaucoup Virginie elle ne fit paroître dans ces procedures, que ce qu'elle ne pût cacher, & modera le châtiment que les Constitutions prescrivoient.

Agnés. Le Jesuite a été plus heureux, puis qu'il en a été quitte pour changer de Province.

Angelique. Oh que ces affaires ne se sont pas passées si doucement que tu t'imagine, il est à present hors de la Compagnie. Vu sçauras que comme dans la Societé tout roule & n'est établi que sur l'estime & la reputation, il est impossible à un homme d'honneur d'y rester aprés qu'il a perdu par quelque accident, dans l'esprit de ses Confreres, ces deux choses qui flâtent si agreablement l'ambition des hommes. Le Pere de Raucourt se voyant donc déchû par le malheur que tu sçais

çais, de ce degré de gloire qu'il s'étoit aquis par ses merites, & où s'étoit toûjours conservé par sa prudence, fit peu de cas de l'indulgence que ses Superieurs luy offroient, & ne pensa plus qu'à les abandonner; ce qu'il a fait depuis quelque tems & s'est retiré en Angleterre.

Agnés. Mais que peut faire dans un païs étranger un homme qui n'a point d'autres bien que la science, & qui n'a que la Philosophie pour partage?

Angelique. Ce qu'il peut faire? il peut par son esprit se rendre plus utile à la Republique, si elle le veut employer, que tous les Artisans qui la composent. Il peut par ses Ecrits donner de la vigueur aux Loix les plus opposées à l'inclination du peuple, il peut porter la gloire d'une Nation dans les lieux les plus éloignez. Enfin il est peu d'employ qu'il ne puisse dignement remplir, & dont l'Etat ne puisse tirer de grands fruits Comme ce que je dis n'est pas hors

de

de raiſon, il n'eſt pas auſſi ſans exemple, & j'ay appris d'un Dominicain,
qu'un mécontent de leur Ordre étoit
à la Cour de ce Royaume où de Raucourt s'eſt retiré, & qu'il y faiſoit tres-
belle figure, en qualité de Reſident
ou d'Envoyé d'un Prince d'Allema-
gne.

Agnés. Sans doute qu'il auroit
conduit Virginie dans ce païs, s'ils
fuſſent venus à bout de leurs deſſeins.
Helas qu'il y auroit peu de Reclus &
de Recluſes, ſi on donnoit le temps à
ceux & à celles qui entrent dans les
Cloitres, de reflechir ſur les avantages d'une honnête liberté, & ſur les
ſuites fâcheuſes d'un funeſte engagement?

Angelique. Pourquoy parles-tu de
la ſorte? ne pouvons-nous pas goûter
des plaſirs auſſi parfaits dans l'en-
ceinte de nos murailles, comme ceux
qui ſont au dehors? les obſtacles qui
s'y oppoſent ne ſervent qu'à les rendre de meilleur goût, quand aprés les
avoir adroitement ſurmontez nous

poſſe-

possedons ce que nous avons desiré : Ce seroit être, & malin, & ingrat que de censurer les divertissemens des Moines & Moinesses, car je diroie à ces gens-là, n'est il pas vray que la continence est un don de Dieu, duquel il gratifie qui il luy plaît & dont il ne fait pas largesse à ceux qu'il n'en veut pas honorer. Cela supposé, il ne fera rendre compte de ce present qu'à ceux à qui il l'aura donné.

Agnés. Je conçois bien la force de cette raison, mais on pouroit dire que les Vœux par lesquels nous nous y engageons solonnellement nous en rendent reponsables devant luy.

Angelique. Eh ne vois tu pas bien que ces Vœus là, que tu fais entre les mains des hommes, ne font que des chansons ? Peus-tu avec raison t'obliger à donner ce que tu n'as pas ? & ce que tu ne peut avoir, s'il ne plaît à celuy à qui tu l'offre de te l'accorder ? juge de-là, de la nature de nos engagemens, & si à la rigueur
nous

nous sommes tenuës selon Dieu, à l'effet de nos promesses, puis qu'elles renferment en elles une impossibilité Morale. Tu ne peux rien dire qui détruise ce raisonnement?

Agnés. Il est vray, & c'est ce qui doit nous mettre l'esprit en repos?

Angelique. Pour moy, je te puis dire que rien ne me chagrine, je passe le temps dans une égalité d'esprit qui me rend insensible aux peines qui fatiguent les autres. Je vois tout, j'écoute tout, mais peu de choses sont capables de m'émouvoir, & si mon repos n'est troublé par quelque indisposition corporelle, il n'y a personne qui puisse vivre avec plus de tranquillité que moy.

Agnés. Mais dans une conduite si opposée à celle des autres Cloîtres que pensez-vous de la disposition de leur ame, & ces actions qui sont suivies comme ils prêchent, de tant de merites ne vous tentent-elles point par l'esperance qu'elles proposent. On pourroit nous dire, que le libertinage

tinage est souvent capable de nous
fournir des raisons pour nous perdre.
Car qu'y a t-il de plus saint que la
meditation des choses Celestes, à laquelle ils s'employent? qu'y a-t-il
de plus loüable que cette haute pieté
qu'ils mettent en pratique, & les
jeûnes & les austeritez dont ils se
mortifient peuvent-elles passer pour
des œuvres infructueuses-

Angelique. Ah, mon Enfant, que
ces objections sont foibles. Il faut
que tu sçache qu'il y a bien de la difference entre la licence, & la liberté,
dans me actions je me tiens souvent
sur la pente de celle-cy, mais je ne me
laisse jamais tomber dans le desordre
de celle-là. Si je ne donne point de
bornes à ma joye & à mes plaisirs, c'est
parce qu'ils sont innocens & qu'ils
ne blessent jamais par leur excés les
choses pour lesquelles je dois avoir de
la veneration. Mais tu veux bien que
je te die ce que je pense de ces fous
melancoliques, dont les manieres te
charment? Sçais-tu que ce que tu ap-

F

pelle

pelle contemplation des choſes divine, n'eſt dans le fonds qu'une lâche oiſiveté, incapable de toute action? Que les mouvemens de ce cette pieté heroïque que tu fais éclater, ne procedent que du deſordre d'une raiſon alterée! & que pour trouver la cauſe generale qui les fait ſe déchirer comme des deſeſperez, il la faut chercher dans les vapeurs d'une humeur noire, ou dans la foibleſſe de leur cerveau.

Agnés. Je prens tant de plaiſir à entendre tes raiſons, que je t'ay propoſé tout exprés comme une difficulté ce qui ne me faiſoit ſouffrir aucun doûte? mais j'entends la cloche qui nous appelle?

Angelique. C'eſt pour aller au Refectoir. Après le dîner nous pourrons continuer nos entretiens.

Fin du Second Entretien.

VENUS

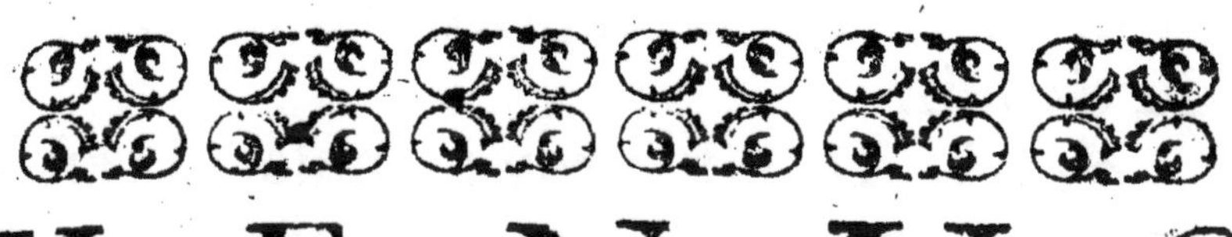

VENUS
DANS LE CLOITER,
OU LA
RELIGIEUSE
EN CHEMISE.
TROISIE'ME ENTRETIEN.

Sœur *Agnés*. Sœur *Angelique*.

Agnés. AH que la beauté du jour est agreable ! cela me réveille tous les esprits. Retirons-nous toutes deux dans cette allée, afin de nous éloigner de la compagnie des autres.

Angelique. Nous ne pouvions pas trouver dans tout le Jardin un lieu plus propre à la promenade, car les arbres qui l'environnent nous donneront autant d'ombre, qu'il en faut

F 2

pour

pour n'être pas exposées à la chaleur du Soleil.

Agnés. Il est vray : mais il est à craindre que *Madame* ne vienne pour s'y recréer, car c'est ici l'endroit qu'elle choisit le plut souvent pour prendre l'air aprés le repas.

Angelique. N'apprehende pas qu'elle nous chasse d'ici, elle est à present incommodée, & si tu sçavois la cause de son indisposition, tu rirois trop ?

Agnés. Elle se portoit pourtant bien hier ?

Angelique. Assurement ! Le mal ne luy est arrivé que cette nuit, & il faut que tu aye dormi d'un profond sommeil, pour ne t'être pas apperçûë, comme par ses cris elle a mis tout le Dortoir en allarme ; j'avois dessein de m'en divertir avec toy quand je t'ai été trouver ce matin, mais insensiblement nôtre conversation nous en a éloignée.

Agnés. Il est vray que je n'apprens les nouvelles, que quand elles sont publiques.

An-

Angelique. Tu sçais que *Madame*
fait un de ces principaux plaisirs, de
nourir toutes sortes d'Animaux, &
qu'elle ne se contente pas d'avoir une
infinité d'oiseaux de toutes sortes de
païs, qu'elle a encore rendu domesti-
ques jusques à des Tortuës & des
poissons. Comme elle ne se cache
point de cette folie, & que tous ses
amis sçavent qu'elle appelle cette occupation le charme de sa solitude, ils
s'efforcent tous à contribuer à son di-
vertissement en luy faisant present
tantôt d'une bête, tantôt d'une autre
L'Abbé de Saint Valery ayant appris
qu'elle avoit même rendu comme on
luy avoit mandé des Carpes & des
Brochets familiers. Il luy envoya il
y a quatre jours deux Macreuses en
vie, & deux grosses Ecrevisses de
Mer, pareillement vivantes. Aprés
avoir fait couper les aîles à ce demi-
Canars, elle les fit jetter dans le Vi-
vier, & voulut donner toute son application a élever les Ecrevisses. Pour
cette raison elle fit apporter dans sa
F 3

cham-

chambre une petite cuvette de bois qu'elle fit remplir d'eau, & où elle mit ces Langoustes, (c'est ainsi qu'on appelle ces animaux.) J'aurois de la peine à t'exprimer tous les soins qu'elle aportoit pour leur conservation, jusques à leur jetter des douceurs & des pistaches. Enfin elle ne vouloit les nourir que des viandes les plus délicates.

Agnès. Ces sortes de passe-temps sont innocens, & sont excusables dans la jeunesse.

Angelique Hier au soir par un malheur, Sœur Olinde, qui avoit ordre de changer tous les jours l'eau de la Cuve pour le rafraîchissement des poissons, s'en oublia; c'est ce qui causa tout le desordre. Tu sçauras que la nuit derniere ayant été fort chaude, une de ces Langoustes qui se trouvoit incommodée de la chaleur qu'elle ressentoit, sortit de la Cuve, & se traîna assez long-temps par la chambre, jusques à ce que se voyant sans soulagement, elle rechercha l'eau qu'elle

avoit

avoit quittée comme son plus naturel élement. Mais comme il luy avoit été bien plus facile de descendre que de monter, elle fut obligée de recourir à l'eau du pot de chambre de *Madame*, où sans examiner si elle étoit douce ou salée, elle s'y posta. Quelque temps aprés nôtre Abbesse eut envie de pisser, & à demy endormie, & sans sortir du lit elle prit son Urinal : mais helas, elle pensa mourir de frayeur, cette Ecrevisse qui se sentit arrosée d'une pluye un peu trop chaude, se lança vers le lieu d'où elle sembloit partir, & le serra si vivement avec une de ses pattes, qu'elle y a laissé les marques pour plus de trois jours.

Agnés. Ah, ah, ah, que cette avanture est plaisante !

Angelique. Dans le moment elle fit un cris qui éveilla toutes ses voisines, elle jetta le pot de chambre par terre, & le levant promptement appella tout le monde à son aide. Cependant cet animal qui n'avoit jamais

trouvé.

trouvé de morceau si delicat & plus friand, ne quittoit point sa prise. La Mere Assistante & Sœur Cornelie furent les plus promptes à se lever, elles eurent bien de la peine à s'empêcher de rire, à la veuë d'un tel spectacle; mais elles se retinrent neanmoins le mieux qu'elles pûrent, & furent obligées de couper la patte de cette bête sacrilege, qui n'abandonna point sa proye jusques à ce temps là. La Mere Assistante se retira, & Sœur Cornelie qui est la confidente de Madame, passe le reste de la nuit avec elle pour la consoler. Voilà la cause de l'indisposition de nôtre Abbesse, & ce qui l'empêchera apparament de venir interrompre nos entretiens.

Agnés. Ah! je n'oserois paroître, si un semblable accident m'étoit arrivé & qu'il fut venu á la connoissance des autres.

Augelique. Vrayment il y a bien là dequoi être honteuse. Elle ne fit rien voir qu'elle n'ait souvent montré à d'autres, & les Chevaliers de l'ordre l'ordre ont mis plufieurs fois la main, ou l'Ecreviffe porta fa pate.

Agnés. Qui eſt celuy qui eſt ſon meilleur amy?

Angelique. Je ne ſçáy pas quel il eſt, mais je ſcay bien qu'un Jeſuite la viſite fort ſouvent, & qu'il a eu avec elle des privautez qui font connoître qu'il eſt des Cordons Bleus. Je l'apperçûs un jour avec luy, dans un entretien fort allumé, & une autrefois qu'elle ſortoit d'avec le même perſonnage, je trouvay dans le parloir qu'elle venoit de quitter, une ſerviette fine, humeſtée dans de certains endroits d'une liqueur un peu viſqueuſe, elle l'avoit laiſſée tomber proche de la feneſtre, je ne parlay point de ce rencontre, je remarquay ſeulement que cette perte luy donna un peu d'inquietude.

Agnés. Qu'a t'elle à apprehender, l'Evêque de qui elle dépend uniquement eſt à ſa diſcretion. & dans la viſite qu'il a faite de ce Monaſtere, il n'a rien ordonné que ce

F 5

qu'elle

qu'elle luy avoit auparavant preſcrit.

Angelique. Il eſt vray. Elle eſt maîtreſſe de tout, & les Direĉteurs & Confeſſeurs ne ſont reçûs & changez que par ſon ordre.

Agnés. Ah que je ſouhaiterois de tout mon Cœur que le Confeſſeur ordinaire que nous avons à preſent, luy déplût comme à moy. Qu'en dis-tu?

Angelique. Il eſt vray qu'il eſt fort auſtere, & qn'il eſt capable de faire bien de la peine à celles qui ne ſçavent pas ſe conduire, mais à nous autres cela nous doit êĉre bien indifferent; que ce ſoit luy ou un moins rigoureux qui nous entende.

Agnés. Pour moy je ne puis luy dire la moindre peccatille qu'il ne s'emporte. Pour une penſée dont je m'accuſerai, il m'ordonnera des mortifications & des penitences horribles & me fera jeûner deux jours pour le moindre mouvement de la chair dont je me confeſſeray. Outre que je ne ſçay la plûpart du tems dequoy l'entretenir, de crainte de luy dire quelque

que chofe qui le choque. Et je ne puis concevoir comment tu fais, toy qui le tiens fi long-temps?

Angelique. Eh crois-tu que je fois fi fotte de luy declarer le fecret de mon cœur? bien loin de cela, comme je le connois tout a fait rigide, je ne luy dis que les chofes fur lefquelles il n'y a point de prife. Il ne peut conclure de tout ce qu'il apprend de moy finon que je fuis une fille d'orai-fon & de contemplation, qui ne con-noit point tous les mouvemens d'une Nature corrompuë, ce qui fait qu'il n'ofe pas même m'interroger fur cet-te matiere. La penitence la plus rude que j'ay reçûë, c'eft cinq *Pater nofter* & *les Litanies.*

Agnés. Mais encore que luy dis-tu donc? car pour avoir rompu le fi-lence, ou raillé une perfonne de la Communauté (ce qui n'eft rien) il me prônera un quart d'heure?

Angelique. Toutes ces fautes-là étant defignées en particulier, avec leurs circonftances, de legeres elles

E 6   devien-

deviennent quelquefois plus confidé-
rables ; & c'eſt ce qui te rend ſujette à
ſa reprehenſion. Mais tien, voicy
comme je m'y prens, écoute ma derniere confeſſion. Aprés luy avoir de-
mandé bien humblement ſa benedi-
ction, la veuë baiſſée, les mains join-
tes, & le corps à demy courbé; je
commence de la ſorte :

*Mon Pere, je ſuis la plus grande pe-
chereſſe du monde, & la plus foible
des creatures, je tombe preſque toûjours dans les mêmes defauts.*

*Je m'accuſe d'avoir troublé la
tranquilité de mon ame, par des di-
vagations univerſelles, qui m'ont mis
l'interieur en deſordre.*

*De n'avoir pas eu aſſez de recueil-
lement d'eſprit, & de m'être trop
épanchée dans des occupations exterieures.*

*De m'être trop arrêtée aux apera-
tions de l'entendement, y paſſant la
plûpart de mon oraiſon, au préjudice
de ma volonté, qui en eſt demeurée
ſeche & ſterile.*

De

De m'être une autre fois laissée
d'abord lier aux affections, & expo-
sée por là à des distractions fâcheuses,
& à une oisiveté d'esprit, contraire à
la perfection methodique des Contem-
platifs.

D'avoir trop conservé en moy, tout
ce qui étoit de moy, sans dégager mon
cœur de toutes les choses crées, par
un acte genereux d'aneantissement,
d'amour propre, interêts, desirs, &
volontez, & de tout moy-même.

D'avoir fait une offrande de mon
cœur, sans l'avoir tranquillisé auparavant, & dénué du troublé des passions trop rümuantes, & des affections
mal reglées.

De m'être trop laissée emporter
aux inclinations du vieil homme, &
au penchant de la nature non reparée,
au lieu de faire divorce avec tout, pour
gagner tout.

De n'avoir pas été soigneuse de
me renouveller par une reveüe de moy-
même, en moy-même, & de faire en
moy la reparation de ce qui étoit déchû
de moy, &c.   F 7   Eh

Eh bien Agnés tu peu juger de la Piece par l'échantillon. Ce n'est pas là le tiers de ma Confession, mais le reste ne me rend pas plus criminelle que ce commencement.

Agnés. Il est vray que je serois bien empêchée, si je devois ordonner des penitences, à des pechez si spirituellement debitez : C'est neanmoins là, l'unique moyen de tromper la curiosité des jeunes Directeurs, & d'éviter la reprimande des vieux.

Angelique. Ces derniers sont ordinairement les moins traitables, car je n'en ay gueres vû de jeunes depuis que je suis dans la Communauté, qui n'ayent été assez indulgens.

Agnés. Il est vray, qu'ils n'ont pas tous les mêmes rigueurs, témoin celuy qui mit la devotion si avant dans l'ame de deux de nos Sœurs, qu'elles s'en trouverent fort incommodées neuf mois après?

Angelique. Ah Dieu qu'il a fallu d'adresser pour cacher cela comme on a fait, & pour empêcher qu'il ne fut

sçû

sçû du dehors. L'Evêque même n'en
a pas eu de connoissance, que lors
qu'on ne pouvoit plus en donner de
preuve. Cela me fait souvenir d'un
Jesuite Italien qui confessant un jour
un jeune Gentilhomme François
qui avoit appris la langue du païs, fit
une Exclamation sans y penser, qui
fit paroître sa foiblesse. Le penitent
s'accusoit, d'avoir passé la nuit avec
une fille des premieres maisons de
Rome, & d'en avoir joui selon ses
desirs. Le bon Pere regardant attentivement celuy qui luy parloit, qui
étoit beau garçon & très-bien fait,
s'oublia du lieu qu'il occupoit & s'i-
maginant être dans une conversation
libre, tant il étoit transporté ; il de-
manda au jeune homme, si cette fille étoit belle, quel âge elle pouvoit
avoir, & combien il l'avoit fait avec
elle ? Le François ayant répondu
qu'il l'avoit trouvée d'une beauté
achevée, qu'elle n'avoit que dix-
huit ans, & qu'il l'avoit baisé trois
fois. *Ah qual gusto Signor* : s'écria-
ij

il pour lors aſſez hautement. C'eſt à dire, ah que ce plaiſir étoit grand !

Agnés. Cette ſaillie n'étoit pas mai plaiſante, & très-capable d'exciter le cœur du penitent à la repentance d'une telle faute.

Angelique. Que veux-tu ? ce ſont des hommes comme les autres : & j'ay ouï dire à un de mes amis qui étoit dans ces ſortes d'emplois, que ſouvent un Confeſſeur ne s'expoſeroit pas tant à l'incontinence en allant au Bordel, comme en entendant ce que les Devotes luy diſent à l'oreille.

Agnés. Pour moy, je trouverois ce me ſemble cette occupation aſſez divertiſſante, pourvû qu'il me fut permis, de faire le choix de mes penitens : je prendrois plaiſir à les entendre, & mon imagination ſeroit vivement frappée, par le recit qu'ils me feroient de leurs ſottiſes. Ce qui ne pouroit être ſans une grande ſatisfaction de mon côté.

Angelique. Helas, mon Enfant ! tu ne

ne fçay ce que tu demande, fi une Devote donne un peu de plaifir à un Confeffeur par le recit ingenu de fes foibleffes, il y en a mille qui les fatiguent par leurs redites, qui les accablent par leurs fcrupules, & qu'ils tireroient plus facilement d'un abîme, que de leurs doutes. Sœur Dofithée a été plus de trois ans à occuper presque toute feule par fes queftions, le Directeur commun de la maifon, il avoit beau luy reprefenter que ces recherches curieufes par lefquelles elle gefnoit fa confcience, ne croyant jamais avoir apporté affez de foin pour s'examiner, étoient non feulement inutiles, mais même vicieufes & contraires à la perfection. Il ne pût rien gagner fur elle, & fut obligé de l'abandonner à elle même, & de la laiffer dans fon erreur.

Agnès. Il me femble neanmoins qu'elle eft à prefent fort raifonnable, & je me fouviens qu'une fois que nous fûmes obligées de coucher toutes deux enfemble. Pendant qu'on

élevoit

élevoit nôtre Dortoir, elle me tint des discours, non seulement fort éloignez du scrupule, mais même que je trouvois en ce temps-là un peu trop libres. Outre mille badineries ausquelles elle m'excita par le recit de cent Histoires les plus lubriques, & les plus lascives du Monde.

Angelique. Je vois bien, que tu ne sçay pas comment elle étoit sortie des tenebres où la superstition l'avoit plongée si avant: son Confesseur n'a eû aucune part à sa delivrance. On peut dire que c'est la Devotion même qui a produit ce changement, & qui d'une fille extremement scrupuleuse, en a fait une Religieuse tout à fait raisonnable, Je veux te raconter ce que j'en ay appris par son rapport.

Agnés, Je ne conçois pas cela. Car de dire que la devotion puisse défaire une personne de ses scrupules, c'est dire, qu'un aveugle est capable d'en tirer un autre d'un precipice.

Ange-

Angelique. Ecoute moy seulement, & tu connoîtras que je ne t'avance rien qui ne soit veritable. Sœur Dosithée comme on peut remarquer à ses yeux, est née d'une complexion la plus tendre & la plus amoureuse du monde. Cette pauvre enfant à son entrée en Religion, tomba entre les mains d'une vieil Directeur ignorant au superlatif, & d'autant plus ennemy de nature que son âge le rendoit inhabile à tous les plaisirs qu'elle propose. Reconnoissant donc que le penchant de sa Penitente étoit du côté de la chair, & que les foiblesses dont elle s'accusoit tous les jours en étoient une preuve assurée. Il crût qu'il étoit de son devoir de réformer cette nature qu'il appelloit corrompuë, & qu'il luy étoit permis de s'ériger en second Reparateur. Pour venir à bout de ce dessein, il jetta d'abord dans son ame toutes les semences de scrupules, de doutes, & de peines de conscience qu'il se pût imaginer. Il le fit avec
d'au-

d'autant plus de fuccès, qu'il y trouva beaucoup de difpofition, & que
les confeffions ingenuës qu'il avoit
fouvent entenduës de cette innocente, luy avoient fait connoître l'extreme tendreffe où elle étoit pour ce qui
regardoit fon falut.

Il luy fit donc la peinture du chemin du Ciel avec des couleurs fi rudes, qu'elles auroient été capables de
rebuter de fa pourfuite une perfonne
moins zelée & moins fervente qu'elle, il ne luy parloit que de la deftru-
ction de ce corps qui s'oppofoit à la
joüiffance de l'éfprit, & les penitences horribles dont il l'accabloit,
étoient felon luy des moyens abfolu-
ment neceffaires, fans lefquels il étoit
impoffible d'arriver dans cette celefte
Jerufalem.

Dofithée n'étant pas capable de fe
défendre de ces argumens, fe laiffa
aveuglement conduire par la devotion indifcrette dont elle devint infa-
tuée; la fimple pratique des Commandemens de Dieu ne paffa plus
chez

chez elle pour être de grand prix auprés de luy ; il faloit que les œuvres
de surerogation l'accompagnassent,
& encore avec tout cet attirail, elle
étoit toûjours dans une crainte con-
tinuelle des peines de l'autre monde
dont elle étoit si souvent menacée.
Comme il est impossible ici bas de
détruire en nous ce qu'on appelle
concupiscence , elle n'étoit jamais
en paix avec soy-même, c'étoit une
guerre sans relâche qu'elle faisoit
imprudemment à son pauvre corps. &
les combats atroces qu'elle luy li-
vroit , étoient rarement suivis de
quelque courte tréve.

Agnés. Helas qu'elle étoit à plein-
dre , & qu'elle m'auroit fait de compassion , si je l'avois veuë dans cet égarement.

Angelique. Comme son naturel
amoureux causoit selon elle , ses plus
grands defauts ; elle ne negligeoit
rien de tout ce qui pouvoit éteindre
ses feux les plus innocens. les jeûnes,
les haires , & les cilices étoient mis en
usage,

uſage, & le changement d'un Directeur plus raiſonnable que le premier, ne pût apporter la moindre di-
minution à ſa folie : elle fut quatre ans
entiers dans cet état, & y ſeroit toûjours reſtée ſans un trait de devotion
qui l'en tira. Entre les conſeils qu'elle avoit reçûs de ſon ancien Confeſſeur, elle en pratiquoit un avec une
regularité ſans égale. C'étoit de recourir à un tableau de ſaint Alexis,
miroir de chaſteté, qui étoit à ſon
Oratoire, & de s'y proſterner lors
qu'elle ſe verroit preſſée de la tenta-
tion, ou qu'elle reſſentiroit en elle-
même ces mouvemens dont elle s'ac-
cuſoit ſi ſouvent. Un jour donc qu'elle ſe trouva plus émûe qu'à l'ordinaire, & que ſa nature la combattoit
plus vivement que de coûtume, elle
eut recours à ſon Saint, elle luy repreſenta les larmes aux yeux, la face
en terre, & le cœur porte vers le Ciel
l'extreme danger où elle ſe trouvoit,
luy raconta avec une crandeur & une
ſimplicité merveilleuſe, combien inutilement

tilement elle s'étoit défenduë, & avoit fait ses efforts pour reprimer les violens transports qu'elle ressentoit.

Elle accompagna sa priere de penitence & de discipline, qu'elle prit en presence de ce Bien-heureux pellerin. Mais comme on rapporte de luy qu'il ne fut aucunement touché de la beauté de sa femme la premiere nuit de ses nopces, qu'il abandonna; Le beau corps de cette innocente exposé nû devant luy, ne fit aucune impression sur son esprit, & les coups dont elle le chargoit si vivement ne le porterent aucunement à en avoir compassion. Après s'être ainsi déchirée elle le recommanda de nouveau à ce bon Romain, & se retira comme victorieuse pour aller vaquer avec tranquillité à des exercices moins fatigans.

Agnés. Ah Dieu! que la superstition fait de ravage dans une ame lors qu'elle s'en est emparée!

Angelique. A peine Dosithée fut-elle sortie de sa chambre, qu'elle se
sentit

sentit le corps tout en feu , & l'esprit porté à la recherche d'un plaisir qu'elle ne connoissoit point encore. Un chatoüillement extraordinaire anima tous ses sens, & son imagination se remplissant de mille idées lascives, laissa cette pauvre Religieuse à demi vaincuë. Dans ce pitoyable état elle retourne à son Intercesseur, elle redouble ses prieres, & le conjure par tout ce que la devotion peut avoir de plus sensible à luy accorder le don de continence, sa serveur n'en demeura pas là, elle prit encore les instrumens de penitence en main & s'en servit pendant un quart d'heure avec une ardeur la plus folle, & la plus indiscrette du monde.

Agnés. Eh bien cela la soulageat-il un peu ?

Angelique. Helas bien loin de cela, elle se retira de son Oratoire encore plus transportée de l'amour qu'auparavant. Vêpres sonnerent, elle eut beaucoup de peine à y assister tout au long. Des étincelles de feu luy

luy fortoient des yeux & fans fçavoir ce qu'elle fouffroit j'admirois fon inftabilité, & comme elle étoit dans un mouvement continuel.

Agnés. Mais d'où provenoit cela?

Angelique. Cela étoit caufé par l'ardeur extreme qu'elle reffentoit par tout le corps, & fur tout aux parties où elle s'étoit difciplinée. Car il faut que tu fçache que bien loin que ces fortes d'exercices euffent été capables d'éteindre les flames qui la confumoient, au contraire ils les avoient augmentées de plus en plus, & avoient reduit cette pauvre Enfant dans un état à ne pouvoir quafi plus y refifter. Cela eft facile à concevoir, d'autant que les coups de foüet qu'elle s'étoit donnez fur le Derriere, ayant excité la chaleur dans tout le voifinage, y avoient porté les efprits les plus purs & les plus fubtils du fang, qui pour trouver une iffuë conforme à leur nature toute de feu, aiguillonnoient vivement les endroits ou ils étoient affemblez, comme pour y faire quelque ouverture.	G	*Agnés*

Agnés. Le combat dura-t-il long-temps ?

Angelique. Il commença & fut terminé dans une journée, si-tôt que vêpres furent achevées comme si Dosithée n'avoit pas pû s'adresser directement à Dieu, elle s'en alla se prosterner, derechef devant son Oratoire elle prie, elle pleure, elle gemit, mais toûjours inutilement. Elle se sent plus pressée que jamais, & pour insulter de nouveau à cette nature opiniâtre elle prend le foüet en main & relevant ses jupes & sa chemise jusqu'au nombril, & l'attachant d'un ceinture, elle outrage avec violence ses fesses, & cette partie qui luy causoit tant de peine, qui étoient toutes à découvert. Cette rage ayant duré quelque temps les forces luy manquerent pour ce cruel exercice, elle n'en eut pas même assez pour détacher ses habits qui l'exposoient à demi nuë, elle s'appuya la tête sur sa couche, & faisant reflexion sur la condition des hommes qu'elle appelloit malheureuse, de ce qu'ils
étoient

étoient nez avec des mouvemens que l'on condamnoit quoy qu'il fût presque impossible de les reprimer. Elle tomba en foiblesse, mais çe fut une foiblesse Amoureuse que la fureur de la passion causa, & qui fit goûter à cette jeune Enfant un plaisir qui la ravit jusques au Ciel. Dans ce moment la natute unissant toutes ses forces, brisa tous les obstacles qui s'opposoient à ses saillies, & cette Virginité qui jusque-là avoit été captive, se delivra sans aucun secours avec impetuosité, en laissant sa gardienne étenduë par terre pour marque évidente de sa défaite.

Agnés. Ah Dieu j'aurois voulu être la presente !

Angelique. Helas quel plaisir aurois-tu eu ? Tu aurois vû cette innocente à demi nuë pousser des soûpirs dont elle ignoroit la cause ! Tu l'aurois vûë dans un extase les yeux à demi mourans, sans force ni vigueur, succomber sous les loix de la nature toute pure, & perdre malgré ses soins

ce

ce threfor dont la garde luy avoit donné tant de peine.

Agnés. He bien , c'eft enquoy j'aurois pris du plaifir , de la confiderer ainfi toute nuë , & de remarquer curieufement tous les tranfports , que l'Amour luy auroit caufé au moment qu'elle fut vaincuë.

Angeliqae. Si-tôt que Dofithée fut revenuë de cette fincope , fon efprit qui n'étoit auparavant enfeveli que dans d'épaiffes tenebres , fe trouva à l'inftant développé de toute fon obfcurité , fes yeux furent ouverts , & reflechiffant fur ce qu'elle avoit fait , & fur le peu de vertu de fon faint qu'elle avoit tant invoqué , elle connut qu'elle avoit été dans l'erreur , & s'éleva ainfi de fa propre force par une metamorphofe furprenante , au deffus de toutes les chofes qu'elle n'ofoit auparavant regarder , & n'eut plus que du mépris pour celles qui avoient fait fon plus grand attachement.

Agnés. C'eft à dire que de fcrupuleufe elle devint indevote , & qu'elle

le ne fit plus d'offrande à tous *les Sanctarelles* qu'elle adoroit anparavant.

Angelique. Tu prens mal les choses. On peut se défaire de la superstition sans tomber dans l'impieté ; c'est ce que fit Dosithée ; elle apprit par son experience, que c'étoit au souverain Medecin qu'il falloit recourir dans ses foiblesses ; que les tentations n'étoient pas dans la puissance des Fideles, & que dans l'ame la plus soûmite il s'élevoit souvent des pensées & des mouvemens involentaires, qui ne faisoient pas seulement le moindre defaut. Tu vois comme je ne t'ay rien dit que de veritable quand je t'ay assûrée que c'étoit la devotion qui l'avoit tirée de ses scrupules.

Il en arriva presque le même à une Religieuse Italienne, qui aprés s'être prosternée fort souvent devant la figure d'un enfant nouvellement né qu'elle appelloit son petit Jesus, & l'avoir conjuré plusieurs fois de luy

accor-

accorder la même chose, par ces tendres paroles, qu'elle proferoit avec une affection extraordinaire. *Dolce Signore mio Gjefu, faite-mi la gratia &c.* voyant que toutes fes prieres étoient fans effet, elle crût que l'enfance de celuy qu'elle invoquoit, en étoit la caufe, & qu'elle trouveroit mieux fon compte en s'adreffant à l'image du pere Eternel, qui le reprefentoit dans un âge plus avancé, elle alla donc retrouver fon petit Signor à qui elle reprocha fon peu de vertu, luy proteftant qu'elle ne s'amuferoit jamais â luy ny à aucun enfant de fa forte, & le quitta ainfi en luy appliquant ces paroles du proverbe. *Chi S'impaccia con Fanciulli, con Fanciuili fi ritrova.* Reflechis un peu jufques où va la fuperftition, & à quelle extremité de folie, l'ignorance nous conduit quelquefois.

Agnés. Il eft vray que cet exemple en eft une preuve fenfible, & que la fimplicité de cette Religieufe eft fans égale. Les Italiennes ne paffent

pas

pas neanmoins pour fottes, on dit qu'elles ont infiniment de l'efprit, & que peu de chofes font capables de les arrêter & d'échapper à leur penetration.

Angelique. Cela eft vray communément parlant, mais il s'en trouve toûjours quelqu'unes qui ne font pas fi éclairées que les autres. Outre que ce n'eft pas toûjours une marque de ftupidité que d'avoir des fcrupules & des doutes. Car il faut que tu fçache ma chere Agnés (qu'hors les chofes de la Religion) il n'y a rien de certain ni d'affuré dans ce monde, il n'y a point departi qui ne puiffe fe foûtenir, & que nous n'avons pour l'ordinaire que des idées fauffes & confufes des chofes que nous croyons fçavoir plus parfaitement. La verité eft encore inconuuë, & tous les foins & les artifices des hommes qui s'apliquent ferieufement à fa recherche, n'ont pû encore nous la rendre fenfible, quoy qu'ils ayent crû fouvent l'avoir découverte.

G. 4

Agnés.

Agnés. Mais comment conduire donc nôtre esprit dans une ignorance si universelle ?

Angelique. Il faut mon Enfant pour ne point abuser, regarder les choses dés leur origine, les envisager dans leur simple nature, & en juger ensuite conformement à ce que nous y voyons. Il faut sur tout éviter de laisser prévenir sa raison & de la laisser obseder par les sentimens d'autruy qui ne peuvent être pour l'ordinaire que des opinions. Et il faut enfin se donner de garde de se laisser prendre par les yeux & par les oreilles, c'est a dire par mille choses exterieures dont on se sert souvent pour seduire nos sens, mais se conserver toûjours l'esprit libre & degagé des sottes pensées & de niaises maximes dont le vulgaire est infatu, qui comme une bête court indifferemment aprés tout ce qu'on luy presente, pourvû qu'il soit revêtu de quelque belle apparence.

Agnés. Je conçois bien tout cecy,

&

& je croy même qu'on peut pousser
encore ton raisonnement plus loin &
y comprendre bien des choses que tu
en exempte. Il faut avoüer qu'il y a
un extreme plaisir à t'entendre, quand
tu ne serois pas aussi belle & aussi
jeune comme tu és, ton esprit seul
te rendroit aimable. Donne-moy un
baiser?

Angelique. De tout mon cœur
ma plus chere, je suis ravie de te plaire en quelque chose, & d'avoir trouvé en toy tant de disposition à recevoir les lumieres qui te manquoient.
Quand on a l'esprit développé des tenebres, & debarassé de toutes sortes
d'inquietude, il n'y a point de moment dans nôtre vie que nous ne goû-
tions quelques plaisirs, & que nous ne
puissions même des peines & des scrupules des autres, faire un sujet de recreation. Mais laissons-la toute cette
Morale, à la qu'elle je me suis insensiblement engagée. Baise-moy ma
mignonne je t'aime plus que ma vie.

Agnés. Eh bien est-tu contente?

G 5

tu

tu ne songe pas qu'on peut nous ap-
percevoir icy.

Angelique. Eh quel sujet avons-
nous de craindre, entrons dans ce Ber-
ceau nous n'y pourrons êrre veuës de
personne. Mais je ne suis pas encore
satisfaite, tes baisers n'ont rien que de
commun, donne-m'en un à la Flo
rentine ?

Agnés. Je croy que tu es folle ?
est-ce que tout le monde ne baise pas
de la méme maniere ? Que veux-tu
dire par ton *baiser à la Florentine ?*

Angelique. Approche-toy de moy
je vais te l'apprendre.

Agnés. Oh Dieu tu me mets toute en feu, ah que cette badinerie est
lascive, retire-toy donc, ah comme
tu me tiens embrassée, tu me de-
vore.

Angelique. Il faut bien que je me
paye dés leçons que je te donne. Voilà de la façon que les personnes qui
s'aiment veritablement se baisent, en
lançant amoureusement la langue de
tre les levres de l'objet qu'on cherit,
pour

pour moy je trouve qu'il n'y a rien de plus doux & de plus delicieux, quand on s'en aquitte comme il faut, & jamais je ne le mets en usage que je ne sois ravie en extase, & que je ne ressente par tout mon corps, un chatoüillement extraordinaire, & un certain je ne sçay quoy que je ne te puis exprimer, qu'en te disant que c'est un plaisir qui se répand universellement dans toutes les plus secrettes parties de moy-même, qui penetre le plus profond de mon cœur, & que j'ay droit de le nommer *Un abregé de la souveraine volupté.* Eh toy tu ne dis rien ! quel sentiment t'a-t-il causé ?

Agnés. Ne te l'ay-je pas assez fait connoître, quand je t'ay dit que tu me mettois toute en feu, mais d'où vient que tu appelle ces sortes de caresses *Un Baiser à la Florentine ?*

Angelique. C'est parce qu'entre les Italiennes, les Dames de Florence passent pour être les plus amoureuses, & pour pratiquer ce Baiser de la maniere que tu l'as reçû de moy. Elles y trou-

trouvent un plaisir singulier, & disent qu'elles le font à l'imitation de la colombe qui est un oiseau innocent, & qu'elles y rencontrent je ne sçay quoy de lascif & de piquant, qu'elles n'épouvent point & ne goûtent pas dans les autres. Je m'étonne comment l'Abbé & le Feüillant ne t'apprirent point cela pendant ma retraite? car ils ont fait l'un & l'autre le voyage d'Italié, & apparemment s'y sont rendus sçavans dans toutes les pratiques les plus secrettes de l'Amour, qui sont particulieres à ceux du Païs.

Agnés. Vrayment j'avois bien l'esprit autre part qu'à ces simples badineries, lors qu'ils me vinrent voir, pour m'en souvenir à present. Je sçai bien qu'il n'y eut point de caresses ni de sottises dont leur fureur ne s'avisât; mais quoy, le plaisir que j'y prenois étoit si grand, & le ravissement que ces transports me causoient si excessif, qu'il ne me restoit pas assez de liberté de Jugement pour y reflechir.

Angelique. Il est vray que les doux
mo-

momens où l'on goûte cette volupté nous occupent tellement ; que nous ne fommes pas capables de nous diftraire par aucune application, de nôtre memoire, ni de faire un *Agenda* fur le champ, de tout ce qui fe paffe au dedans de nous-mêmes. Je ne doute pas neanmoins que l'Abbé ou le Feüillant n'ayent pouffé leur galanrerie jufques là ; car outre que tu as une bouche divine, ils font parfaitement inftruits de toutes les manieres les plus douces & les plus engageantes de ceux qui fçavent paffionnement aimer.

Agnés. Helas ! pour des perfonnes confacrées aux Autels, & dévoüées à la continence, ils n'en fçavant que trop.

Angelique. Vrayement tu fais bien icy la plaifante, & ceux qui ne te connoîtroient pas, croiroient que tu parlerois ferieufement. Mais veux-tu que je te dife ma penfée ? Je croy qu'ils n'en fçauroient trop fçavoir mais qu'ils en pourroient moins prati-

G 7

quer ?

quer ? Car il est certain qu'ayant la direction des ames ils doivent avoir une parfaite connoissance tant du bien que du mal, pour en faire un juste discernement, & pour nous exhorter avec force à la poursuite & à l'amour de l'un, & nous prêcher avec un même zele la fuite & la haine de l'autre Mais ils ne font rien moins que cela, & les mauvais livres dont ils puisent leur lumiere, corrompent aussi-tôt leur volonté qu'ils éclairent leur entendement.

Agnés. Je croy que tu abuse des termes, & que tu ne pense pas que parmy les Sçavans il n'y a point de livre, qui de sa nature porte le titre de défendu, & que le seul usage que nous en faisons lui donne la qualité de bon; de mauvais, ou d'indifferent.

Anglique. Ah Dieu, je croy que tu rêve de parler de la sorte, & tu dois convenir avec moy qu'il y a de certains livres dont toutes les parties ne valent rien, & dont les instructions font essentiellement opposées à la
bonne

bonne Morale, & à la pratique de la vertu. Que peux-tu dire de *l'Ecole des Filles*, & de cette infame *Philosophie* qui n'a rien que de fade & d'insipide, & dont les sots raisonnemens ne peuvent persuader que les ames basses & vulgaires, ni toucher que celles qui sont à demi corrompuës, ou qui d'elles-mêmes se laissent aller à toutes sortes de foiblesses ?

Agnés. J'avouë que ce livre-là peut être mis au rang des choses inutiles, & même de celles qui sont défenduës, je voudrois pouvoir racheter le temps que j'ay employé à en faire la lecture, il n'a rien qui m'ait plû, & que je ne condamne. L'Abbé qui me le fit voir m'en donna un autre qui est presque sur la même matiere, mais qui la traite, & la manie avec bien plus d'adresse & de spiritualité.

Angelique. Je sçay de quel livre tu veux parler, il ne vaut pas mieux pour les mœurs que le precedent, & quoy que la pureté de son stile, & son éloquence aisée, ayent quelque chose
d'agrea-

d'agreable, cela n'empêche pas qu'il ne soit infiniment dangereux. Puis que le feu & le brillant qui y éclatent en beaucoup d'endroits, ne peuvent servir qu'à faire couler avec plus de douceur le venin dont il est rempli, & l'insinuer insensiblement dans les cœurs qui sont un peu susceptibles : il a pour titre *l'Academie des Dames*, ou *les sept Entretiens Satiriques d'Aloïsia*, je l'ay eu plus de huit jours entre les mains, & celuy de qui je le reçûs m'en expliqua les traits les plus difficiles, & me donna une intelligence parfaite de tout ce qu'il y a de misterieux. Sur tout il m'en interpreta ces paroles qui sont dans le septiéme Entretien, *Amori, vera lux*, & me découvrit le sens Anagrammatique qu'elles cachent, sous la simple apparence de l'inscription d'une Medaille. Je croy que c'est de ce livre dont tu as eu dessein de me parler ?

Agnés. Asseurement. Ah Dieu qu'il est ingenieux à inventer de nouveaux plaisirs à une ame saoule & dégoûtée !

goûtée ! de quelles pointes & de quels aiguillons ne se sert-il pas pour réveiller la Convoitise la plus endormie, la plus languissante, & celle même qui n'en peut plus ! que d'appetits extravagans ! que d'objets étrangers ! & que de viandes inconnuës il presente ! Mais je vois bien que je n'y suis pas encore si sçauante que tôy.

Angelique. Helas, mon Enfant, la science que tu ambitionne ne pourroit que t'être préjudiciable ? Il faut que les plaisirs que nous nous proposons soient bornez par *les Loix*, par *la Nature*, & par *la Prudence*, & toutes les maximes dont ce livre pourroit t'instruire s'éloignent presque également de ces trois choses. Croy moy, toutes les extremitez sont dangerufes, & il est un certain milieu que nous ne pouvons quitter, sans tomber dans le precipice. *Aimons*, il n'est pas défendu, *cherchons la volupté* tant qu'elle est legitime, mais évitons ce qui ne peut être inspiré que par la débauche, & ne nous laissons point

seduire

seduire par les persuasions d'une éloquence, qui ne nous flâte que pour
nous perdre, & qui ne s'exprime bien
que pour nous porter plus facilement
au mal.

Agnés. Oh la belle Morale ! & que
tu sçay bien dorer la pillule quand il
te plaist ! ce n'est pas que je ne me ren-
de à tes raisons, & que je ne blâme
toutes les choses que tu condamne,
mais je ne puis m'empêcher de rire,
quand je te vois prêcher la Réforme
avec tant de feu, & que je t'entens parler à des sourds & à des aveugles, tels
que sont nos Sens, qui ne veulent
recevoir de regles que celles qu'ils se
proposent eux-mêmes.

Angelique. Il est vray, & je l'avouë
que c'est mal employer le temps, c'est
à dire inutilement, que de travailler à
reprimer le vice, & à élever la vertu,
dans la corruption du siecle où nous
sommes. La maladie est trop grande &
la contagion trop universelle, pour y
apporter du remede par de simples paroles, & pour qu'elle puisse être gue-
rie

rie par un appareil qui ne peut agir que fur l'efprit. Ce n'eft aucunement là mon deffein, mais j'ay feulement été bien-aife de te faire connoître, que que je n'approuve point le libertinage de ceux qui ne goûtent jamais de parfaits plaifirs fi ils ne les vont chercher dans les leçons d'une imagination corrompuë, au delà des bornes les plus inviolables de la nature, & jufques dans la licence la plus diffoluë des fables paffées.

Je ne fuis point ennemie des delices, ni attachée à cette vertu incommode dont nôtre fiecle n'eft pas capable, & je fçay que l'ame la plus noble ne peut être maîtreffe de fes paffions ni purgée des autres infirmitez humaines, tant qu'elle fera attachée à nôtre corps.

Agnés. Ah ce retour me plaît, & cette indulgence raifonnable peut être reçûë. Car quel mal peut-on trouver dans la volupté quand elle eft bien reglée? il faut bien de neceffité donner quelque chofe au temperament
du

du corps, & compatir à la foibleſſe de nos eſprits, puis que nous les recevons tels que la nature nous les baillent, & qu'il ne dépend pas de nous d'en faire le choix. Nous ne ſommes pas res-ponſables des fantaiſies, du penchant, & des inclinations qu'elle nous donne, ſi ſe font des fautes, c'eſt elle qui en eſt coupable, & qui en doit être blâmée. Et on ne peut reprocher aux hommes, les vices qui naiſſent avec eux, ou qui ne procedent que de leur naiſſance.

Angelique. Tu as raiſon ma mi-gnonne, & je ne puis t'exprimer la joye que je reſſens, lors que tes paro-les me font voir le progrés qne tu as fait par mes inſtructions. Mais ne nous fatigons pas davantage l'eſprit par la recherche des crimes d'autruy, ſup-portons ce que nous ne ſçaurions ré-former, & ne touchons point à des maux qui découvriroient ſans doute l'impuiſſance de nos remedes. Vivons pour nous mêmes, & ſans nous faire malades des infirmitez étrangeres, établiſſons dans nôtre interieur cet-te

te paix & cette tranquilité spirituel-
le, qui est le principe de la joye &
le commencement du bonheur que
nous pouvons raisonnablement desirer.

Agnés. Pour moy je suis déja dans
cette paisible jouïssance du repos, &
de la Inquietude d'esprit. Ou je puis dire, que je n'ay pû arriver que par ton
moyen. Ce sont des obligations que
je ne pourray jamais assez reconnoître
comme je le souhaiterois, car il faut
que pour toutes ces peines que tu as
prises à me tirer de l'erreur où j'étois,
tu te contente de l'amitié qne je t'ay
jurée, & qu'elle te tienne lieu de toute autre recompense.

Angelique. Helas mon enfant que
pourrois-tu m'offrir qui me plût davantage? je prefere tes caresses à tous
les tresors du monde, un seul de tes
baisers me charme, & me comble de
biens. Mais voicy quelqu'un qui vient
separons-nous afin de leur ôter le sou-
pçon qu'ils pourroient avoir de nos
entretiens. Baise moi ma chere enfant.

Agnés.

Agnés. Je le veux, & *à la Floren-*
tine ?

Angelique. Ah tu me ravis ! tu me
tranfporte ! je n'en puis plus ! tu me
caufe mille plaifirs.

Agnés. En voicy affez pour le
prefent. Adieu Angelique. C'eft fœur
Cornelie qui s'approché ?

Angelique. Je la vois. C'eft fans
doute pour me donner quelque ordre
de la part de Madame. Adieu Agnés.
Adieu mon Cœur , mes Delices , mon
Amour.

F I N.

www.ingramcontent.com/pod-product-compliance
Ingram Content Group UK Ltd.
Pitfield, Milton Keynes, MK11 3LW, UK
UKHW021630170726
13836UKWH00005B/2141